■ 法學叢書

程序法之研究(二)

陳計男 著

三民書局

國立中央圖書館出版品預行編目資料

程序法之研究㈡／陳計男著. --初版.
--臺北市：三民，民84
面；　　公分. --(法學叢書)
ISBN 957-14-2154-5 (平裝)

1.訴訟法-中國-論文，講詞等

586.07　　　　　　　　　　　84000426

ⓒ 程序法之研究 (二)

著作人　陳計男
發行人　劉振強
產著作權人財　三民書局股份有限公司
發行所　三民書局股份有限公司
　　　　地址／臺北市復興北路三八六號
　　　　郵撥／○○○九九九八一五號
印刷所　三民書局股份有限公司
門市部　復北店／臺北市復興北路三八六號
　　　　重南店／臺北市重慶南路一段六十一號
初版　　中華民國八十四年四月
基本定價　捌　元
編　號　S 58011

行政院新聞局登記證局版臺業字第○二○○號

ISBN 957-14-2154-5 (第二冊：平裝)

自 序

　　七十五年三月出版拙著「程序法之研究㈠」時，曾鞭策自己，應不斷努力，期能有研究㈡、㈢……論文集及「民事訴訟法論」、「強制執行法論」之出版。歷經八年多，「民事訴訟法論（上）、（下）」終於去年九月出版。承三民書局劉振強先生的好意，除將「程序之法研究㈠」略加修正再版外，並將近年來發表有關程序法之論文共十三篇，編為一冊，名為「程序法之研究㈡」，並允出版，特別在此申謝。

　　書名雖用「研究」二字，事實上可謂僅屬「讀書心得報告」而已，然著者學淺才疏，見解謬誤之處必多，尚祈法學先進不吝指教。

著者 識於司法院

八十四年司法節

程序法之研究(二)

目　次

當事人死亡與繫屬中訴訟之關係

要　目

當事人死亡與繫屬中訴訟之關係

〔壹〕前言

當事人係指於民事訴訟，對於國家請求確定私權之人及其相對人。依民事訴訟法第四十條之規定，得為民事訴訟主體之當事人——有當事人能力者——有自然人、法人、胎兒、非法人之團體四種。法人及非法人之團體，並未具有自然之生命，不生死亡問題（至其解散則屬另一問題）。胎兒以將來非死產者為限，關於其個人利益之保護，視為既已出生（民法第七條），故關於其可享受之利益，有當事人能力。惟關於胎兒權利之保護，既以非死產者為條件，倘胎兒於訴訟中死亡（即死產），其自始即未獲有權利能力，則訴訟不論由胎兒或他造對之提起，一旦死產即屬欠缺當事人能力，且此項能力之欠缺又屬無從命為補正，法院自應以其訴為不合法，裁定駁回原告之訴（民事訴訟法第二百四十九條第一項第三款），所以問題較為單純。本文所擬討論者，限於自然人之當事人死亡與繫屬中訴訟之關係。茲所謂死亡包括自然死亡與死亡宣告在內。

訴訟，係由當事人、訴訟標的及應受判決事項之聲明三要素所構成。所謂當事人係指以自己之名義，為訴訟行為之人，與為訴訟標的法律關係之主體未必當然一致。因之當事人之態樣大體可分三類：

(一)私權爭執之法律關係主體，以自己之名義，就該爭執之法律關係為訴訟

此種型態之訴訟，在民事訴訟上，占最多數。例如買受人甲對出賣

人乙，基於買賣關係，起訴請求判令乙履行交付買賣標的物是。

㈡當事人自己並非訴訟標的法律關係之主體，但係本於一定之資格，得以自己之名義，爲該法律關係之主體之一爲訴訟之情形

即民事訴訟法第一百七十三條第一項所稱，本於一定之資格，以自己之名義爲他人任訴訟當事人之情形。

㈢基於訴訟信託關係而得以自己名義爲訴訟之情形

例如依民事訴訟法第四十一條規定，選定之當事人是。

從而在討論當事人之死亡與繫屬中訴訟之關係時，亦須注意此三種不同型態當事人對訴訟之影響。

訴訟之當事人必須具有當事人能力，換言之，當事人能力係訴訟要件之一，故訴訟之當事人，不論其爲原告或被告，如起訴時不具有當事人能力，法院即得以當事人欠缺當事人能力爲由，以裁定駁回原告之訴（民事訴訟法第二百四十九條第一項第三款）。起訴時，兩造當事人雖均有當事人能力，但在訴訟繫屬中，一造當事人死亡時，依民事訴訟法第一百六十八條規定：「當事人死亡者，訴訟程序在有繼承人、遺產管理人、或其他依法令應續行訴訟之人承受訴訟以前當然停止」。同法第一百七十三條復規定：「第一百六十八條……之規定，於有代理人時，不適用之；但法院得酌量情形，裁定停止其訴訟程序」。準此規定，於繫屬中之訴訟，遇有當事人死亡時，除該死亡之當事人生前選任有訴訟代理人且法院未裁定停止訴訟外，訴訟程序當然停止，俟有承受權人承受訴訟後，始續行訴訟程序。可知，當事人之死亡與繫屬中之訴訟，有如次之關係。

〔貳〕當事人死亡與訴訟進行之關係

㈠當事人於訴訟繫屬後死亡，而死亡前未委任有訴訟代理人者

在前述〔壹〕，㈠類型的當事人，依民事訴訟法第一百六十八條規定，訴訟程序不待當事人之聲請或法院之裁定，訴訟程序當然停止，故不問

法院或對造當事人是否知悉當事人死亡之事實，在訴訟停止期間內，皆不得爲關於本案之訴訟行爲（民事訴訟法第一百八十八條第一項前段）（注一）。法院或當事人違反此項規定所爲本案訴訟行爲，其效力如何？有認爲該本案訴訟行爲應屬無效，故與未爲該行爲同，應不予置理者(注二)。有認法院應以其行爲違反民事訴訟法第一百八十八條第一項規定，裁定駁回該行爲者(注三)。有認民事訴訟法第一百八十八條第一項規定，係爲保護死亡之一造當事人之繼受人利益而設，與公益無關，故如承受訴訟之當事人，不依民事訴訟法第一百九十七條第一項規定提出異議而爲言詞辯論時，即認該行爲之瑕疵，業已補正而有效；如承受訴訟之當事人提出異議時，該有瑕疵之行爲始因責問權之行使而歸無效（注四）。比較以上三種見解，吾人認以採第三種見解較爲妥當。蓋如吾人採用第一種見解，因法院對該有瑕疵之本案訴訟行爲未作任何表示，易使爲該行爲之當事人誤認其已爲有效之訴訟行爲，致於續行訴訟後，怠於重爲該訴訟行爲，而生意外之損害。例如當事人在停止訴訟期間提起上訴，誤以爲已於上訴期間內合法提起上訴，殊不知因對造當事人死亡，訴訟程序當然停止，致承受訴訟續行訴訟後，未再聲明上訴，以致判決確定，造成損害。在採第二種見解之情形，法院不待對造當事人之責問，即以該本案訴訟行爲爲違法而予駁回，不無忽略民事訴訟上辯論主義之原

注一　但於本案言詞辯論終結後，本於其辯論之裁判得宣示之（民事訴訟法第一百八十八條第一項但書）。又第三審上訴事件，於當事人應爲之訴訟行爲完畢後當事人死亡者，第三審法院亦得本其行爲而爲判決（最高法院二十二年上字第八〇四號判例）。此外撤回上訴，或於被告未爲言詞辯論前撤回起訴亦得爲之。

注二　最高法院五十六年臺上字第一四八號判決，即曾採此見解，認當事人在停止訴訟期間提起之上訴無效，應視同未上訴，法院不必爲何裁判。

注三　最高法院二十六年上字第一六八八號、四十五年臺上字第一五七五號判例，即採此見解。

注四　日本大審院昭和十三年八月十九日（民集17—1638），同院昭和十四年九月十四日（民集18—1083）判例，採此見解。

則，且如此之結果，當事人於續行訴訟程序後，勢必重爲該本案訴訟行爲，僅徒增訴訟程序之負擔而已。第三種見解，一方面可減少本案訴訟行爲之重複，一方面亦可兼顧對造當事人之利益，自屬較妥之見解（注五）。

在前述〔壹〕，㈡類之當事人，該當事人並非訟爭法律關係之當事人，爲訴訟上形式之當事人，彼係本於一定之資格而以自己之名義爲他人訴訟，此項資格並非財產權，非得由其繼承人當然繼受，故民事訴訟法第一百七十二條第一項規定，訴訟程序在同一資格之人，承受訴訟以前當然停止。惟本於一定之資格得以自己名義爲他人訴訟之人如有多人爲共同訴訟當事人而僅其中之一人或數人（非全體）死亡時，應視各該當事人對於訴訟有無獨立之訴訟實施權，如有獨立之訴訟實施權，則可由生存之當事人繼續訴訟，應解爲無庸停止；如無獨立之訴訟實施權，則因訴訟實施權應由全體有資格之當事人共同行使，自應停止訴訟程序（準用民事訴訟法第五十六條第一項第三款）（注六）。至〔壹〕，㈢類型之當事人，因訴訟信託關係在解釋上亦非可得作爲繼承之標的，死亡當事人之繼承人亦非當然可得承受訴訟，應解爲在有同一受託之當事人或信託本人承受訴訟以前，訴訟程序當然停止。同一訴訟由數受託當事人共同起訴或被訴者，如其中一人死亡是否影響訴訟程序之進行，仍應視共同受託當事人之訴訟實施權應如何行使而定。在選定當事人之情形，依民事訴訟法第四十三條規定：「第四十一條之被選定人中，有因死亡或……者，他被選定人得爲全體爲訴訟行爲。」故訴訟程序不因被選定人中有一人或數人（非全體）死亡而當然停止。惟如被選定人全體死亡（或其中

注五　同説：齋藤秀夫著，「注釋民事訴訟法⑶」，昭和四十八年，第一法規，第五三一頁。

注六　曹偉修著，「最新民事訴訟法釋論(上)」，民國六十一年，自版，第五一六頁採不停止説。兼子一原著，松浦馨等改訂，「條解民事訴訟法」，昭和六十一年，弘文堂，第七三八頁採當然停止説。

有人喪失資格，有人死亡而致無被選定人存在）者，訴訟程序在有該共
同利益人全體或新被選定爲訴訟當事人之人，承受其訴訟以前當然停止
（民事訴訟法第一百七十二條第二項）。

㈡民事訴訟之目的在於解決當事人間之民事紛爭，單獨之一造無從發生
　之紛爭，故凡訴訟，必有二主體之對立(Zweiparteienprinzip)存在。

　　倘當事人之一造死亡，而無法再構成對立之兩造時，訴訟即因無法
存在而應終結，不生訴訟停止之問題。例如：

　　1.關於身分關係之訴訟，因身分關係恆因當事人之死亡而消滅，無
法由其繼承人承受訴訟，故訴訟程序當然終結（民事訴訟法第五百八十
條、第五百八十八條、第五百九十六條第一項、第六百十四條、第六百
二十四條第三項是）。

　　2.他造當事人爲死亡一造當事人之唯一繼承人時（注七），此時一造
融合他造之地位（Der Zusammenfall der Parteirollen），使訴訟無法
保持對立之兩造，且訴訟標的之權利義務亦因混同而消滅，訴訟自應終
結（注八）。

　　3.當事人死亡，而無可承受訴訟之人時，例如死亡之當事人未遺有
任何遺產而無繼承人，或繼承人全體拋棄繼承，而訴訟又係命死亡之當
事人爲一定財產之給付之場合，此時訴訟因無法形成對立之兩造，法院
應以原告之訴爲不合法（欠缺當事人能力）爲由，駁回原告之訴，無庸
停止訴訟程序（注九）。

注七　如死亡當事人之繼承人有多人時，則應由他造以外之繼承人承受訴訟，在承
　　　受以前，仍應停止訴訟程序。惟在分割共有物之訴之場合其承受情形更爲特
　　　殊（請參照拙著，「程序法之研究㈠」，民國七十五年版（本書所引皆指此版）
　　　第八頁）。

注八　參照大理院統字第一九七七號解釋。日本大審院昭和十年四月八日判例（民
　　　集14—511）。兼子一著，「民事法研究㈠」，昭和二十九年，酒井，第七四～
　　　七六頁。兼子等著，「條解」，第七三〇頁。

注九　參照司法院院字第三〇四四號解釋㈣。

4.為訴訟標的之法律關係不得繼承者，除法律特別規定得由他人承受訴訟者外，亦因訴訟已無法形成對立之兩造，不停止訴訟程序，由法院以欠缺訴訟要件為由，以裁定駁回起訴或上訴（注一○）。

5.為訴訟標的之法律關係為一身專屬權而不得繼承者，例如親屬會員資格係專屬於一身之權利，故親屬會員在訴訟中死亡者，其繼承人不得承受訴訟(注一一)，此時如無法定可得承受訴訟之人時，法院亦應以訴不合法為由裁定駁回原告之訴。

㈢依民事訴訟法第一百七十三條規定，死亡之當事人於有訴訟代理人時，不適用訴訟程序當然停止之規定

學者謂訴訟代理權不因本人死亡、破產或訴訟能力喪失而消滅（民事訴訟法第四十三條）。故如有訴訟代理人可為訴訟行為時，當事人之利益已可獲得保護，自無停止訴訟之必要(注一二)。於此場合，訴訟代理人之地位，即有如受繼受訴訟之新當事人委任，並具與原委任同一內容委任之效力(注一三)。日本民事訴訟法第二百十三條之規定與我國民事訴訟法第一百七十三條相同，其立法理由則謂：「訴訟代理人具有一定之資格及權限，且熟知訴訟關係，因之，於當事人死亡而有繼承人概括繼承之場合，訴訟行為並不因此有特別之變動，委任人或其繼承人對於受任人之信賴及可能之背叛，大致亦無顧慮，故縱依未承受訴訟之狀態，由訴訟代理人續行訴訟，於當事人之保護，既無欠缺，且可因此而使訴訟迅

注一○　參照最高法院二十九年上字第一五七二號判例。日本學者有謂此時應訴訟程序當然終結者（參照小室直人等編，「民事訴訟法別冊ジュリスト」，第二六二頁）。

注一一　參照最高法院四十三年臺聲字第六七號判例。

注一二　參照石志泉著，楊建華增訂，「民事訴訟法釋義」，民國七十一年，三民書局，第一九六頁。姚瑞光著，「民事訴訟法論」，民國七十五年，自版，第二二九頁。

注一三　參照八木良一著，「當事者の死による當然繼承」，刊載於「民事訴訟法雜誌」，第三一期，一九八五年，法律文化社，第三五頁。

速並圓滑進行」(注一四)。上述不停止訴訟之理由是否正當？頗值商榷(注一五)。其在我國民事訴訟上，尤有研究之餘地。按委任關係因當事人一方死亡、破產或喪失行爲能力而消滅(參照民法第五百五十條前段)。訴訟代理權之授與，雖爲單方行爲，訴訟代理權不因本人死亡、破產或訴訟能力喪失而消滅。但訴訟代理權之授與人業已死亡而喪失權利能力，訴訟代理人與死亡之當事人間之委任關係業已因死亡而消滅，則訴訟代理人能否尙得爲死亡之當事人爲代理行爲，使其效果對死亡之當事人發生效力，頗有疑問。民事訴訟法第一百七十三條前段之規定，在有訴訟代理人之場合，不適用因當事人死亡訴訟程序當然停止之規定，顯見訴訟代理人不待承受訴訟人承受訴訟前，仍可繼續爲訴訟行爲。該訴訟行爲如謂係爲死亡之訴訟當事人而爲，效果及於死亡之當事人，理論上顯有欠通，如謂係爲應承受訴訟之當事人而爲(注一六)，但該應承受訴訟之人尙未承受訴訟取得訴訟上之地位，且亦未委任該訴訟代理人訴訟，此說顯與事實不符。再就該法條之立法理由而論：

1.從訴訟代理人之資格言

在德國，民事訴訟原則上採律師強制主義，民事訴訟應由律師代理訴訟(注一七)。在日本，則採律師獨占主義，民事訴訟雖非必由律師代理訴訟，但如委任訴訟代理人時，應選任律師始可(注一八)。可知在德、日民事訴訟中之訴訟代理人必爲專業之律師，而律師須具備一定之資格，且受專業道德之規範。但我民事訴訟法第六十八條對於訴訟代理人之資

注一四　參照八木著，第三六頁。小室等著，第二二六頁。
注一五　日本民事訴訟法學會，昭和五十九年五月二十日在京都大學召開之第五十四次大會，曾有就此問題之報告及討論(參照「民事訴訟法雜誌」，第三一期，第五五頁)。
注一六　日本實務上採此見解：最高裁判所昭和三十三年九月十九日 (民集12—13—2062)，同所昭和四十二年八月二十五日(判時496—43)。兼子等著，「條解」，第七三九頁。
注一七　參照德國民事訴訟法第七十八條及同條 b。
注一八　參照日本民事訴訟法第七十九條第一項。

格並無限制，則關於訴訟代理人之委任，委任人與受任人間之信賴關係
高於一切，與德、日之訴訟代理人重在其為專業人員有間，是在我國民
事訴訟上擬制原訴訟代理人為承受訴訟之新當事人訴訟代理人，不停止
訴訟程序，令訴訟程序繼續進行，非律師之訴訟代理人有無足夠之能力
適當地維護當事人利益，頗有疑問(注一九)。承受訴訟之新當事人對原訴
訟代理人之信賴度如何？亦值研究。

2.當事人死亡前之訴訟與死亡後之訴訟之一體性問題

當事人於訴訟繫屬中死亡，繼受訴訟之當事人學說上認為係繼受死
亡當事人訴訟狀態上之地位，故強調兩者訴訟上地位之一體性(注二○)。
從而導入訴訟代理人訴訟代理權之一貫性。謂於有訴訟代理人時，訴訟
程序無需停止。惟訴訟繫屬中當事人一造死亡，訴訟上二主體之對立會
因之不存在，訴訟原應因之終結，但兩造原有爭執之法律關係或私權並
不因當事人之一造死亡而當然消滅。為使已進行之訴訟程序不因當事人
一造之死亡而歸於徒然，故可由有繼受該法律關係之人繼受訴訟。然原
提起之訴訟與繼受後之訴訟，除當事人有變動外，是否保持訴訟之同一
性，實有疑問。例如死亡之當事人為債務人，其繼受訴訟之當事人為限
定繼承時，繼受訴訟之當事人因限定繼承之結果，就繼承債務僅負有限
責任(民法第一千一百五十四條第一項)，顯見繼受前之訴訟與繼受後之
訴訟，訴訟內容並非同一。再如請求不動產所有權移轉登記之訴訟，訴
訟中被告死亡之情形，原告於死亡之被告繼承人承受訴訟後，如不追加
聲明請求為繼承登記，則原告之請求亦會因給付不能（參照民法第七百
五十九條）而受敗訴判決。故吾人認為以繼受訴訟之當事人與死亡之當
事人有訴訟上地位之一體性，而認於有訴訟代理人時可不停止訴訟，在
理論上仍有值得商榷之處。

注一九　日本雖採律師訴訟代理制度，但學者對其民事訴訟法第二百十三條規定之
　　　　妥當性，亦有提出質疑者。參照八木著，第三七頁。

注二○　兼子一著，「民事訴訟法體系」，一九六一年，酒井，第四二一頁。

㈣委任訴訟代理人，以每一審級爲準（注二一）

　　在選任有訴訟代理人之訴訟，依民事訴訟法第一百七十三條規定，雖不因當事人死亡而當然停止訴訟程序，但其不停止之效力，在通常情形應解爲至該審級之判決送達於該訴訟代理人時爲止。惟依同法第七十條第一項但書規定，受有特別代理權委任之訴訟代理人，有代理訴訟當事人提起上訴之權。在此情形，理論上，在上訴期間屆滿前，訴訟程序原則上仍不當然停止。但如作此解釋，則對於承受訴訟之人將產生重大不利益。蓋訴訟程序不當然停止之結果，不變期間之進行，亦不因之停止，倘訴訟代理人不爲應承受訴訟之當事人提起上訴，則應承受訴訟之當事人自有蒙受不利益之虞。吾人以爲當事人授與訴訟代理人特別代理權，僅在使該訴訟代理人所爲之特別訴訟行爲對本人(即委任之當事人)發生效力而已。似無積極課以有特別代理權之訴訟代理人以積極爲當事人提起上訴之義務。故於當事人死亡而未由應行承受訴訟之當事人承受訴訟以前，殊難謂因有特別代理權之訴訟代理人因怠於上訴期間內提起上訴，遽謂該訴訟事件業已確定，從而在解釋上，似仍應認訴訟事件於法院將判決送達於訴訟代理人時，訴訟程序當然停止，但在有特別代理權之訴訟代理人代理當事人提起上訴之場合，例外地於提起上訴後，訴訟程序當然停止。

㈤於兩造合意停止訴訟期間，又發生當事人死亡當然停止訴訟之場合

　　如合意停止訴訟而未定有合意停止之期間者，當事人之死亡，固不影響原爲合意停止訴訟之效力，但因當事人一方隨時得聲明續行訴訟程序，故承受訴訟人於未逾自合意停止訴訟之日起算之四個月內已承受訴訟者，如於承受訴訟而未同時聲明續行訴訟，則訴訟當然停止之原因固已消滅，但合意停止之原因尚未消滅，仍不能續行訴訟程序。如承受訴訟人係在合意停止訴訟日起算之四個月後，始聲明承受訴訟，民事訴訟

注二一　參照司法院二十五年院字第二四八七號解釋。

法第一百九十條所定視爲撤回之規定於此情形不能適用，故於承受訴訟後，即應續行訴訟程序。又當事人於合意停止訴訟期間內，聲明續行訴訟，而他造當事人因死亡而未有合法之承受訴訟者，因仍生有當然停止訴訟之原因，訴訟程序仍不得續行。再合意停止訴訟程序定有合意停止訴訟之期間者，承受訴訟人仍應受合意停止訴訟之拘束，故縱承受訴訟人在合意停止訴訟之期間內，已聲明承受訴訟，訴訟程序在合意停止訴訟期間屆滿前，仍不得續行。惟如承受訴訟係在原定合意停止訴訟期間屆滿之後者，自應續行訴訟程序。

〔參〕當事人之死亡與訴訟事件之承受

甲、承受訴訟之型態

訴訟繫屬中，當事人死亡，因其有無委任訴訟代理人發生訴訟程序之是否停止已如上述，因之，當事人死亡後訴訟承受之型態，亦可分二類型加以說明：

㈠訴訟程序不停止中之承受

訴訟繫屬中當事人死亡，而其訴訟委有訴訟代理人者，依民事訴訟法第一百七十三條前段規定，訴訟程序固不當然停止，訴訟代理人仍得繼續爲訴訟行爲，但依法律之規定有權承受訴訟之人，仍得隨時依同法第一百七十六條規定聲明承受訴訟。法院對於承受訴訟之聲明，應依職權調查之。如認其承受訴訟之聲明爲無理由時，應以裁定駁回之。聲明人如不服駁回之裁定，得爲抗告（第一百七十七條第二項、第一百七十九條）。如認其聲明爲有理由時，即將訴訟事件之當事人變更爲承受訴訟人。承受訴訟之當事人或原訴訟代理人雙方均得隨時解除訴訟委任。承受訴訟之當事人，並得隨時委任新訴訟代理人。承受訴訟之當事人如仍委任原訴訟代理人代理訴訟（嚴格言之，應爲不解除委任）時，實務上，

原訴訟代理人通常均再提出承受訴訟當事人之委任書於法院。

(二)訴訟程序停止中之承受訴訟

訴訟繫屬中當事人死亡，其訴訟又未委任訴訟代理人，為期裁判之公平，並使兩造當事人有平等提出攻擊防禦方法之機會，法律規定當然停止訴訟程序，然如應承受訴訟人遲不聲明承受訴訟，將影響對造當事人之利益及法院對訴訟事件之終結，故訴訟程序停止中之承受訴訟，有三種型態：

1.由依法律規定之承受訴訟人聲明承受訴訟

何人可以承受訴訟？因當事人之類型而有不同。在前述〔壹〕，(一)類型當事人之情形：依民事訴訟法第一百六十八條之規定，由繼承人、遺產管理人或其他依法令應續行訴訟之人承受訴訟。何人為死亡當事人之繼承人，依民法繼承編之規定決定之。繼承人有數人者，在死亡之一造為訟爭法律關係之權利人，且屬財產權之訴訟時，此項財產權在遺產未分割前，屬全體繼承人所公同共有(民法第一千一百五十一條)，則承受訴訟後之訴訟，其訴訟標的對於全體繼承人必須合一確定，故應由全體繼承人聲明承受訴訟始為合法，但如繼承人中有一人或數人為對造當事人時，該為對造當事人之繼承人即不得聲明承受訴訟(注二二)。倘其為非財產權之訴訟，則應查該訴訟標的係由何人繼受以決定其承受訴訟人。至死亡之當事人為債務人時，如其債務為連帶債務或可分之債務，實務上似採由全體繼承人承受訴訟之見解，惟繼承人對於被繼承人之債務應負連帶責任(民法第一千一百五十三條第一項)，債權人得對全體繼承人或繼承人中之一人或數人為全部或一部之請求，故由繼承人中之一人或數人聲明承受訴訟，如債權人不為異議，吾人認為繼承人中一人或數人之聲明承受訴訟，應認為合法 (注二三)。倘債務為不可分之債務，因

注二二　參照最高法院六十三年度第四次民庭庭推總會決議。

注二三　日本在學說上亦有分割說與合有說之分，但似以分割說為有力說，實務上亦同 (參照齋藤著，第四五四頁)。

繼承人中之一人或數人無法履行，自應由全體繼承人承受訴訟。又我國民事訴訟採當事人恆定主義，訴訟繫屬中爲訴訟標的之法律關係，雖移轉於第三人，於訴訟無影響（民事訴訟法第二百五十四條第一項）。故於訴訟繫屬中，當事人將訴訟標的移轉於第三人後，該移轉訴訟標的之當事人死亡時，因訴訟標的已移轉於第三人，其繼承人無從對之繼承，解釋上，自應由該第三人承受訴訟，而非由繼承人承受。再繼承開始時，繼承人有無不明之場合，由親屬會議選定遺產管理人（民法第一千一百七十七條）或由法院指定遺產管理人（司法院院字第一一〇七號解釋、非訟事件法第七十八條）。則遺產管理人對於遺產旣有管理權存在，就死亡當事人有關遺產之訴訟，應認有訴訟實施權，得承受訴訟。死亡之當事人所提起之訴訟，通常由繼承人或（繼承人有無不明）由遺產管理人承受訴訟；其他情形，則由依法令應續行訴訟之人續行訴訟，例如遺囑執行人（民法第一千二百十五條）。在〔壹〕，㈡類型之當事人死亡之情形，依民事訴訟法第一百七十二條規定，應由有同一資格之人聲明承受訴訟。具有同一資格之人聲明承受訴訟時，應提出資格之證明文件。例如在當事人以破產管理人之資格起訴或被訴之場合，破產管理人死亡時，自應由法院選任之新破產管理人承受訴訟，新破產管理人聲明承受訴訟時，自應提出破產法院選任之裁定或其他證明文件。在〔壹〕，㈢類型之當事人死亡之場合，則可由該共同利益人全體或新被選定爲當事人之人承受訴訟（民事訴訟法第一百七十二條第二項）。其由新被選定爲當事人之人聲明承受訴訟者，應提出選定書（同法第四十二條）。

2.由他造當事人聲明承受訴訟（民事訴訟法第一百七十五條第二項）：

死亡一造當事人之承受訴訟人於得爲承受訴訟時，原應即爲承受之聲明。倘其不爲承受之聲明，不能續行訴訟，對於他造亦屬不利，故明定他造亦得聲明承受訴訟。所謂他造亦得聲明承受訴訟，非指他造承受死亡一造之訴訟，而係向法院聲明死亡之一造當事人有如何之承受訴訟

人應承受其訴訟而表示對之續行訴訟之意思。故其聲明承受訴訟，應於書狀表明應承受訴訟之人及其應承受訴訟之理由並其證據。

　　應承受訴訟人或他造聲明承受訴訟應提出書狀於受訴法院，由法院送達於他造。法院對於承受訴訟之聲明，應依職權調查其有無理由。當事人在訴訟進行中死亡而當然停止者，受訴法院如認承受訴訟之聲明爲有理由時，即定辯論期日續行訴訟，毋庸另爲准承受訴訟之裁定。如其認承受訴訟之聲明爲無理由者，則應以裁定駁回其聲明，對於此裁定，聲明人得爲抗告(民事訴訟法第一百七十七條第二項、第一百七十九條)。如訴訟當然停止係發生於訴訟終結後者，例如：第一、二審法院宣示判決後，未提起上訴以前，或雖於第一、二審言詞辯論終結後，宣示判決前死亡，法院本於其言詞辯論而宣示裁判之情形，則應由原爲裁判之法院就其承受訴訟之聲明爲裁定。於此情形，不論承受訴訟之聲明有無理由，均應裁定，否則上訴期間即無從更始計算。至死亡之當事人選有訴訟代理人之情形，訴訟程序於言詞審級法院固不當然停止，然該事件於該審級終結後，仍會生訴訟當然停止效果。倘該訴訟代理人有特別代理權而其代當事人提起上訴時，訴訟程序在其提起上訴後當然停止，此時事件已繫屬於上級審法院，自應由上級審法院審查承受訴訟之聲明，其有理由者，即續行訴訟程序；無理由者，則駁回其聲明。第三審法院於就事件評決後，送達裁判書前當事人死亡，或提起第三審上訴後死亡，第三審法院不知致未停止訴訟而予評決，於此情形，已無可續行之訴訟，但裁判書因未送達，尚未發生效力（參照民事訴訟法第二百三十一條、第二百三十八條）。而送達亦屬訴訟行爲之一種，應屬廣義訴訟程序之一部，仍應由第三審法院裁定命承受訴訟人爲承受訴訟並爲裁判之送達(注二四)。

注二四　依最高法院五十四年第二次民刑庭總會決議，係裁定命爲承受送達。同院六十八年第三次民庭庭長會議決議，則裁定命爲承受訴訟並爲送達裁定正本。

3.由法院依職權以裁定命其續行訴訟(民事訴訟法第一百七十八條)

當事人兩造延不為承受訴訟之聲明者，不論其延不聲明是否有故意，法院為免訴訟事件之久懸，自得依職權調查法律所定應承受訴訟之人並其人是否在得續行訴訟之狀態，如應承受訴訟之人已確定並在得續行訴訟之狀態而仍未聲明承受訴訟時，即得裁定命該應承受訴訟人續行訴訟（**注二五**）。一經裁定，該應承受訴訟人於收受裁定後，即應視為已承受訴訟，訴訟停止之原因終竣。法院應速定辯論期日續行訴訟，承受訴訟人於言詞辯論期日無正當理由不到場者，得經他造之聲請一造辯論而為判決。

此外，在婚姻事件、親子關係事件、撤銷禁治產宣告之訴事件，原告於判決確定前死亡者，有權提起同一訴訟之他人，得於其死亡後三個月內承受訴訟（民事訴訟法第五百八十一條、第五百八十八條、第五百九十六條第一項、第六百十五條）。此種承受訴訟，並非因承受原訴訟標的而來，與前述之承受訴訟情形不同。

乙、承受訴訟人錯誤之檢討

㈠於訴訟不當然停止之情形

當事人於訴訟程序進行中死亡而委有訴訟代理人者，訴訟程序不當然停止，可由訴訟代理人續行訴訟，如無人向受訴法院聲明承受訴訟，法院仍得本於代理人之辯論以死亡之當事人為當事人而為判決。此時，如該判決可以提起上訴，因有承受訴訟問題，可由原判決法院調查裁定，但如該判決不得上訴時，則可能發生如次問題：

1.對不能之給付為原告勝訴之判決：例如在命死亡之當事人為不動產所有權移轉登記之判決，其判決之既判力並未擴張至繼承人辦理繼承

注二五　依司法院頒「民事訴訟文書格式及其制作方法」（七十五年四月發行）裁定主文為：「本件應由○○○為被告×××之承受訴訟人續行訴訟」（見該書第一四一頁）。

登記，則原告訴訟之目的，事實上並不因獲此勝訴判決而達成。

2.如有數人相爭主張或相諉否認伊為繼受該判決法律關係之人而無法確定時，勢必另行起訴始能解決。

又於有訴訟代理人而有人向法院聲明承受訴訟之情形，如聲明之當事人並非真正之應承受訴訟人時，該非真正之承受訴訟人與訴訟代理人所為之訴訟行為、及法院所為之判決對真正之應承受訴訟人效力如何？亦屬疑問，倘依民事訴訟法第一百七十三條規定推論，非真正承受訴訟人所為之訴訟行為固屬無效，但訴訟代理人所為之行為對真正承受訴訟人仍屬有效，則判決仍對真正承受訴訟人有效(注二六)。但此推論對真正應承受訴訟人言，實有違反正當程序（Due Process）之原理，為保障真正承受訴訟人之利益，宜解為對真正承受訴訟人不生效力（注二七）。

㈡於訴訟當然停止之情形

此時須由承受訴訟人或他造聲明承受訴訟，或法院命承受訴訟人承受訴訟並續行訴訟程序，故受訴法院對於承受訴訟均依職權加以調查。此項承受訴訟之調查，上級法院於受理上訴事件時，仍應依職權調查。受訴法院於准非真正承受訴訟人承受訴訟後，發見非真正承受訴訟人承受訴訟時，隨時應裁定駁回其承受訴訟，如經判決而於上訴法院始發覺者，上訴法院應廢棄下級法院判決發回下級法院，再由下級法院裁定駁回非真正承受訴訟人之承受訴訟。如判決已經確定始發覺時，該判決對真正承受訴訟人不生既判力。

〔肆〕結論

基於上述討論，吾人認為因當事人之死亡，雖發生承受訴訟，但承

注二六　參照八木著，第五〇頁。
注二七　參照八木著，第五〇頁。但如此，則真正承受訴訟人能否再聲明承受訴訟？能否再行起訴？即成疑問。

受前之訴訟與承受後之訴訟，實際上並非僅當事人之交替，訴訟標的實際上亦有交替，其在不動產所有權移轉之訴及承受訴訟人爲限定繼承時最爲明顯，可知其非同一訴訟。

承受訴訟前之訴訟與承受訴訟後之訴訟旣非同一訴訟，則在死亡之當事人選任有訴訟代理人之場合，是否可不停止訴訟程序由原訴訟代理人續行訴訟，已有可疑，加以我國民事訴訟之代理人，不採律師代理主義，則民事訴訟法第一百七十三條之規定，是否有重加檢討必要，亦值吾人研究。

※本文原刊載於「法令月刊」第三十八卷第六期

訴之重疊的合併與選擇的合併

——試評釋最高法院七十一年
臺上字第二三八八號判決——

要　目

訴之重疊的合併與選擇的合併
——試評釋最高法院七十一年
臺上字第二三八八號判決——

〔壹〕事實概要

原告甲主張伊於民國六十五年五月間向訴外人丙買受坐落丁市忠孝路×號房屋，已辦畢所有權移轉登記完畢。詎被告乙自六十五年六月起無權占有系爭房屋，並經法院判命乙遷讓房屋確定。惟被告自六十五年六月起無權占有系爭房屋，致原告無法為使用收益，應依侵權行為或不當得利法則，以每月租金新臺幣三千三百元計算，請求被告賠償損害或返還不當得利。

〔貳〕判決要旨

查被上訴人（即原告）本於上訴人（即被告）無權占有系爭房屋之同一事實，依據侵權行為或不當得利之法律關係，請求上訴人賠償損害或返還不當得利，此種訴之型態，學者謂之重疊的合併；訴訟標的有數項，而僅有單一之聲明，法院就原告所主張之數項標的逐一審判，如其中一項標的之請求為無理由時，仍須就他項標的之請求審判；若認其中之一項請求為有理由，即可為原告勝訴之判決，就他項標的無須更為審判，法院如就數標的同時判決，則為法所不許。原審未見及此，遽認被上訴人得本於侵權行為或不當得利法律關係，請求上訴人賠償損害或不當得利，自有未合。

〔參〕評釋

上述最高法院判決，雖已有學者評述，並謂最高法院最近見解，似有將競合（重疊）訴之合併，與選擇訴之合併，兩者合而爲一之趨勢云云(注一)，吾人認爲此一判決，尙有再進一步評釋之價值，爰試抒管見，就教法學先進。

甲、客觀合併之訴之種類

按訴係由當事人、訴訟標的與應受判決事項之聲明（即訴之聲明）三個要素所構成。故如同一原告對同一被告主張數訴訟標的（注二），而於同一宗訴訟中提起，即構成訴之客觀的合併（Objektive Klagenhäufung）。我國一般民事訴訟法之著作，常將客觀合併之訴分爲四類(注三)。即：

㈠單純的合併

同一原告對同一被告，以一訴狀同列數宗請求，向法院求爲判決之訴之合併。

㈡預備的合併（或稱假設的合併）

注一　參照楊建華著，「民事訴訟法㈠」，民國七十四年五月，自版，第二〇八頁。
注二　吾人不贊同以一訴訟標的主張數聲明之合併之訴。詳本文〔叁〕，乙、選擇合併之訴訟之說明。
注三　參照石志泉著，楊建華增訂，「民事訴訟法釋義」，民國七十一年十月，三民書局，第二八一頁以下。吳明軒著，「中國民事訴訟法」，民國七十四年七月，自版，第六八〇頁以下。姚瑞光著，「民事訴訟法論」，民國七十三年十月，自版，第三〇二頁以下。曹偉修著，「民事訴訟法釋論(上)」，民國六十一年六月，自版，第八一〇頁以下。黃亮、黃棟培合著，「民事訴訟法釋論」，民國五十九年六月，自版，第四四一頁以下。張學堯著，「中國民事訴訟法論」，民國四十六年三月，三民書局，第二三二頁以下。蔡章麟著，「民事訴訟法（上）」第二版，第二四九頁以下。

即原告預防其提起之此一訴訟無理由，而同時提起不能併存之他訴
（注四），以先位之訴無理由時，可獲得有理由之判決之訴之合併。

㈢選擇的合併

即原告合併起訴，主張數宗給付不同之請求，被告在數宗請求中，
得選擇一請求而為給付之訴。

㈣重疊的合併（或稱競合的合併）

即原告合併起訴，主張數宗請求，以單一之聲明達其數請求之同一
目的。

民事訴訟法第二百四十八條僅規定：「對於同一被告之數宗訴訟，除
定有專屬管轄者外，得向就其中一訴有管轄權之法院合併提起之；但不
得行同種訴訟程序者，不在此限。」並無關於各種型態合併之訴特別構成
要件之規定。故關於選擇的合併之訴訟與重疊的合併之訴訟，其合併之
訴提起之要件如何？法院如何審判？則學者意見未盡相同，本件最高法
院判決，已經七十五年度第五次民事庭會議決議，選列為判例，其就重
疊的合併之訴，所持見解，果否有使與選擇的合併之訴，趨於合而為一
之情形，亦值一併檢討。

乙、選擇合併之訴訟

所謂選擇的合併之訴訟，依我國學者一般通說，大體謂係原告合併
起訴，主張數宗給付不同之請求，祇由被告履行其一而得滿足者。其情
形又可分為二種：

㈠原告主張同等之數宗請求，而求被告履行其一

注四　依預備合併之訴型態提起之合併二訴間，須有排斥關係，係學者之通說與實
　　　務上所採之見解（參照最高法院六十一年臺上字第三一三三號、六十四年臺
　　　上字第八二號判決）。惟近來已有學者主張二訴之間不必有排斥關係者例如
　　　德國 Merlev、Coin 諸教授。我國陳榮宗教授亦持此見解（參照氏著，「舉證
　　　責任分配與程序法㈡」，一九七九年四月，自版，第一三五頁以下）。

例如請求判命被告交付X型冰箱一座或Y型錄音機一臺。此種請求大體淵源於民法上選擇之債（民法第二百零八條）。惟在選擇之債，債權人與債務人間僅有一法律關係存在（注五），祇其債之標的物（給付）有數宗，得選定其一而已。故選擇之債，須透過選擇權之行使，（或因數宗給付中有自始不能或嗣後不能之情形），而使其給付特定（參照民法第二百十一條）之必要。如債權人有選擇權時，在其行使選擇權前，不生債之特定，債務人無法爲淸償行爲。因之，債權人於起訴前應先行使選擇權使債之標的特定，債務人始有依此特定之債爲給付之義務。債權人亦因而方得爲訴訟上之請求。如選擇權人爲債務人或第三人時，在債務人或第三人行使選擇權前，債權人得請求給付之標的物尚未特定，即不得爲訴訟上之請求，債權人如欲實現其債權，自應先依民法第二百十條規定催告選擇權人行使其選擇權，如有選擇權之人仍不行使其選擇權時，其選擇權即因而轉換爲債權人，再由債權人於起訴前行使選擇權，使債之標的特定，然後始能爲訴訟上請求。準上討論，選擇之債，雖於債成立之時，其給付有平等可選擇之數標的物，但必經給付特定化之過程，始能決定債務人之給付。如謂在債之給付未特定前，債權人即得提起給付之訴，則法院勢必就各宗給付之是否可能履行爲調查，如此不但浪費訴訟程序，且在發見某宗給付之不能，係因可歸責於原告之事由所致之場合，法院可否命被告爲他宗之給付，亦成問題（注六）。有時更會影響第三人選擇權之行使。故吾人不贊同此種選擇的合併之訴之型態存在。

㈡**原告於第一位主張某請求，而求命被告履行，同時並主張補充之請求，**
求命被告於不欲或不能履行第一位請求時，應即履行補充之請求者

注五　關於選擇之債之性質，學說上雖有複數債權說，但就民法第二百零八條規定謂：「數宗給付」觀之，當係指單一債權說（參照史尚寬著，「債權法總論」，民國六十一年三月，自版，第二五六頁以下）。

注六　依民法第二百十一條規定，此時有選擇之債務人仍可選擇不能給付之一宗給付爲債之標的。

　　例如請求命被告交付房屋一棟，並命被告不交或不能交付房屋時，即賠償新臺幣二百萬元是。此種情形能否謂之選擇的合併，吾人亦認有值得商榷之處。先就補充請求「命被告於不欲履行第一位請求時，即應履行補充之請求」之情形言，於此場合，補充履行之請求，係替代第一位請求之給付，惟原告之第一位請求既非履行不能，自可依強制執行手段予以實現，法院何能於命被告履行第一位給付之同時，又命被告履行補充請求之給付？此時補充請求部分之訴，其訴訟標的為何？殊屬疑問。矧法院如能為補充請求給付之裁判時，其範圍如何？例如上述例案，法院可否准許原告交付房屋之請求並同時准被告如不欲履行交付房屋時，應賠償原告一百五十萬元而駁回原告其餘補充請求之訴？亦值推求。故吾人對於能否有此型態之訴訟，並謂其為選擇的合併之訴，深表懷疑。再就「補充請求命被告於不能履行時，即應履行補充之請求」之情形言，如不能履行之原因，發生於最後事實審言詞辯論終結前者，不論其給付不能係自始的不能抑嗣後的不能，原告第一位之訴部分即屬無理由，法院勢必就第一位之訴部分，駁回原告之訴，同時就補充請求之部分，為准駁之判決。於此場合，實質上即與預備的合併無異（注七）。如不能給付之原因，係發生於最後事實審言詞辯論終結後者，則法院何能於未發生「履行不能」之情形下，而預為「履行不能」效果之裁判？如能裁判，其裁判之時的基準點為何時？亦屬疑問，故現行制度上，有無此種選擇的合併之訴訟型態，頗值推敲。

丙、重疊合併之訴訟

　　重疊的合併之訴訟，依我國學者一般通說，均謂係原告合併起訴，

注七　按預備的合併，係以本位之訴有理由為解除條件撤回備位之訴，而合併提起之二訴。（有謂係以本位之訴無理由為停止條件之請求就備位之訴為判決之合併之訴）。於此情形，本位之訴因給付不能，確定的無理由，法院須就備位之訴為判決，殊無再設置此種選擇的合併之訴之必要。

主張數宗請求，以單一之聲明，達其數請求之同一目的。即原告原有互相獨立之數種請求，惟其請求係有同一之目的，故以單一之聲明，求為同一之判決。茲所謂「數種請求」，在傳統訴訟標的理論，係指原告據以起訴請求法院裁判之有爭執的私法上請求權或法律關係。故在傳統訴訟標的理論下，於私法上請求權競合之場合，原告恆可提起重疊的合併之訴。其情形有二：

㈠原告合併起訴主張數項請求，其請求之標的爲同一給付者

例如甲無權占有乙所有之土地時，乙可本於侵權行為法律關係，請求甲返還土地，亦可本於所有權，請求乙返還土地。

㈡原告合併起訴，主張數項請求，其請求之標的爲可致同一法律上效果之數形成權者

例如甲對乙提起離婚之訴，主張數種離婚之事由是。

在新訴訟標的理論下，所謂請求係指原告依訴就其當否要求法院裁判之與被告間的關係上之一定的權利主張。就上㈠例而言，在新訴訟標的理論下，其訴訟標的(即訴訟上之請求)，為原告起訴所主張之對被告的土地返還請求權。本於所有權之土地返還請求權或本於侵權行為之土地返還請求權——實體法上之請求權——僅為構成訴訟上請求之法律上地位，而非訴訟標的本身。在此意義下，許多採新訴訟標的理論之學者，謂重疊的合併即無由成立（注八）。新訴訟標的理論，就當事人依同一社會事實所生紛爭，由於實體法之規範評價不同，而產生不同之實體上請求權，可經由「訴訟上請求」之整合，使其成為單一之訴訟標的，依一

注八　參照三ケ月章著，「民事訴訟法」，昭和五十四年三月，弘文堂，第一六一頁以下。新堂幸司著，「民事訴訟法」，昭和五十七年，二版，筑摩，第四五三頁。小室直人、賀集唱編，「民事訴訟法」，昭和五十六年七月，日本評論社，第二九一頁。齋藤秀夫編著，「注解民事訴訟法(4)」，昭和五〇年四月，第一法規，第一一一頁。王甲乙、楊建華、鄭健才合著「民事訴訟法新論」，民國六十八年八月，自版，第二八六頁。

個訴訟予以一次解決。對此，吾人予以高度之評價（注九）。但同目的之請求，如非由同一社會事實所發生，例如甲簽發支票向乙調借面額同值之金錢之場合，其本於借貸關係之請求與本於票據關係之請求，前者爲雙方行爲，後者爲單方行爲，能否謂係屬於同一社會事實而爲同一訴訟標的，即關於「事實關係之同一性」（注一〇）之判斷，仍有商榷之處。本件最高法院判決意旨，顯係在傳統訴訟標的理論下所發展的法律上意見，則殆無疑問。

　　關於原告提起重疊合併之訴，其所合併提起數訴間之關係如何？我國學者大體謂：「法院應就合併之訴爲審理，惟因原告祇以單一之聲明求爲單一之判決，自不必諭示二個主文。又原告數宗請求之目的爲同一，訴之聲明僅有一個而且單一，故即使其所本之請求權有一爲無理由，而他請求爲有理由時，仍應認原告之訴爲有理由。蓋勝訴與敗訴，應以是否如原告之聲明爲準。今原告之聲明僅有一個且單一，自無從分爲二部分，就其中之一部爲駁回原告之訴之判決也。此在理論上雖尚有研究餘地，惟在事實上，原告之訴已完全達到目的，無更起訴之實益與必要也」（注一一）。吾人認爲當事人主張數請求權（傳統訴訟標的理論之數訴訟標的），依同一之聲明，求爲單一之判決，其訴訟目的之眞意，當係就其主張之數訴訟標的，請求由法院任擇其中之一而爲其有利之判決。其所以同時主張數個訴訟標的者，無非在於顧慮其中或有某請求不能成立，故將數訴訟標的併列於一宗訴訟，任由法院選擇有理由之一訴爲判決而已。否則，法院何能選擇數訴中有理由一訴，即爲原告勝訴之全部終局判決，甚或可置無理由之一訴於不顧？準此，吾人寧認所謂重疊的合併之訴，係原告提起單一聲明並主張數訴訟標的之合併之訴，且以其中之一訴有

注九　在我國現有之訴訟制度與社會型態下，吾人尚不敢貿然贊同新訴訟標的理論
注一〇　參照四宮和夫著，「請求權競合論」，昭和五十五年九月，一粒社，第二三頁以下。
注一一　參照姚瑞光著，第三〇五頁。

理由爲解除條件撤回其餘之訴之訴訟。析言之：

1.重疊的合併之訴，於原告起訴時，係合併提起數同等之訴。惟此合併提起之數訴，其聲明則屬相同，故在訴狀上呈現之聲明爲單一。

2.法院就重疊合併之訴爲審理時，如原告合併提起之數訴均爲無理由時，法院固應以原告之訴爲無理由，而駁回原告之訴。此時法院已就合併之訴之全部訴訟標的爲裁判，故如此一判決確定時，其判決之既判力自及於合併提起之全部各訴。如審理之結果，其中一訴（或數訴，或全部合併之訴）爲有理時，法院應依有理由之一訴（如有數訴或全部合併之訴均爲有理由時，應擇其一）(注一二)爲原告勝訴之判決，其餘合併提起之各訴，因解除條件之成就，法院即不應更不得對之爲裁判。此與預備合併之訴，本位之訴有理由之情形相似。故審理之結果，縱合併之訴中有一爲無理由時，法院就無理由之訴，亦不得爲任何之裁判。有疑問者，例如原告在第一審提起甲、乙、丙重疊合併之訴，第一審法院以甲訴爲有理由，而爲原告勝訴之判決，被告不服提起上訴，倘第二審法院審理結果，認被告對於甲訴之上訴爲有理時，應否對乙、丙二訴同時審理？如認原告提起之乙訴爲有理由時，應如何裁判？此項判決之效力如何？關於此問題，吾人以爲被告對於甲訴提起之上訴，有使合併之甲、乙、丙三訴皆發生移審之效力（注一三）（參照民事訴訟法第四百四十八條）。第二審法院仍應就甲、乙、丙三訴合併審理，其審理之結果，如認原告提起之甲訴爲無理由，但乙訴爲有理由時，此時被告之上訴（即甲訴部分）雖有理由，惟甲、乙二訴之聲明因係同一之聲明，且原告之起訴係就單一之聲明求爲判決，則因第二審判決之結果與第一審判決相同，

注一二　於此情形，有時因各訴消滅時效期間不同等因素，對原告權利之行使或有妨礙，實務上宜訊明當事人之意願，依其意願判決較佳。

注一三　參照鈴木忠一、三ケ月章監修，「新實務民事訴訟法講座(3)」，一九八三年七月，日本評論社，第二〇四頁。民事訴訟法學會編，「民事訴訟法講座(一)」，昭和三十三年，有斐閣，第二四三頁以下。

第二審法院應適用民事訴訟法第四百四十九條第二項規定，仍維持第一審判決之結果，而駁回被告提起之上訴。須注意者，此時第二審法院係就乙訴爲判決，故如第二審判決確定，該判決之旣判力應僅就乙訴發生，甲、丙二訴不在裁判範圍之內，不生旣判力問題。然甲訴因曾經終局判決而撤回，依民事訴訟法第二百六十二條第二項規定，即不得再提起同一之訴。至丙訴因始終未經判決，自非不得再提起同一之訴（注一四）。

　　最高法院判決要旨謂：「重疊的合併，訴訟標的有數項，而僅有單一之聲明，法院就原告所主張之數項標的逐一判決，如其中一項標的之請求爲無理由時，仍須就他項標的之請求審判；若認其中之一項請求爲有理由，即可爲原告勝訴之判決，就他項標的無須更爲審判，法院如就數標的同時判決，則爲法所不許」云云，吾人認爲至少有二意義：

　　1.法院就重疊合併之數訴，得命分別辯論（參照民事訴訟法第二百零四條），但因重疊的合併之訴，僅有單一之聲明，故法院不得爲分別判決。

　　2.重疊的合併之訴，雖係以數訴訟標的合併提起數訴，但其聲明爲單一，法院審理結果，其中一訴爲有理由時，其他合併之訴，即因解除條件之成就，發生訴之撤回效果，故法院不但無庸爲裁判，且更不得爲裁判，否則即構成訴外裁判之違法。又本件原告並非以一訴訟標的，主張數聲明而求爲裁判，自非選擇的合併之訴，原告主張之侵權行爲與不當得利二訴訟標的，法院雖可擇其中之一有理由之訴訟標的而爲判決，但此與通說上所稱選擇的合併之訴不同，且在重疊的合併之訴中，原即含有由法院選擇其中有理由之一訴爲裁判之性質，自難謂本件判決有將選擇的合併之訴與重疊合併之訴之型態，而合爲一之情形。

注一四　於此場合，學者有謂「原告之請求已完全達到目的，無更起訴之實益與必要」（參照姚瑞光著，第三〇五頁）。惟乙、丙二訴請求權之消滅時效期間未必相同，於乙訴之請求權消滅時效完成時，有時即有再提起丙訴之必要（參照楊建華著，第二〇八頁）。

〔肆〕 結論

綜上討論，吾人贊同此項判決意旨，但須特別指明：

1.最高法院至今仍抱持採用傳統訴訟標的之理論之態度。

2.在重疊的合併之訴，原告合併提起之數訴間，其關係為以其中之一訴為有理由為解除條件，撤回其餘合併之訴，此點本件判決理由雖未加說明，難謂為無憾，但其指摘第二審判決，謂其就數訴訟標的之同時判決為違法，可得證明。

3.在客觀合併之訴的型態中，應否承認選擇的合併之訴之型態，頗有值得商榷之處。

※本文原刊載於「法令月刊」第三十七卷第六期

訴之重疊合併

要　目

訴之重疊合併

〔壹〕前言

　　前年（七十四年）六月，筆者曾於「法令月刊」第三十七卷第六期發表「訴之重疊的合併與訴之選擇的合併」一文，當時重在對最高法院七十一年臺上字第二三八八號判決為評釋，故對訴之重疊合併問題尚有多處未及論述，值本年三月份民事訴訟法研究會楊大法官將發表「重疊（競合）訴之合併與選擇訴之合併」論文，筆者亦將參加該次討論會之機會，乃將年來就此問題之若干心得整理，作成本文，就教於法界先進。

〔貳〕訴之重疊合併之意義

　　民事訴訟，依訴訟之繁簡，學者將之分為單一型之訴訟與複雜型之訴訟。所謂單一型的訴訟，係指訴訟由一個原告對一個被告，主張一個訴訟標的，以一個聲明向法院提起之訴訟。換言之，訴之三要素，均屬單一之訴訟。而複雜型之訴訟，則係指訴之三要素係由多單元組成之訴訟。訴訟之當事人一造或兩造，係由多數當事人構成者，為訴之主觀的合併，民事訴訟法第一編第二章第二節共同訴訟，即為有關訴之主觀合併的規定。至訴由多單元之聲明或訴訟標的構成者，學者謂之訴之客觀的合併，民事訴訟法於總則中並未設有規定，第二百四十八條固定有：

「對於同一被告之數宗訴訟，除有專屬管轄者外，得向就其中一訴訟有管轄權之法院提起之；但不得行同種訴訟程序者，不在此限。」學者並依此分析客觀的訴之合併的要件，但細加分析，各學者對於客觀的訴之合併之型態、辯論、裁判等意見，並非一致。茲依一般學者對於客觀的訴之合併所討論者，按訴之三要素間之關係，分成四類型，如附圖（附於本文之後），並就第Ⅲ型——即訴之重疊合併諸問題——試加討論。

關於訴之重疊的合併，我國學者或謂「原告合併起訴，主張數項請求，其請求之標的為同一給付，或原告合併提起數宗形成之訴，可致同一之法律上效果者」（注一）；或謂「原告主張數請求，合併起訴，該數請求之目的同一，訴之聲明僅有一個之訴」（注二）；或謂「原告合併起訴，主張數宗請求，而數宗請求同一目的者」（注三）；或謂「原告對同一被告，本於複數之請求權，合併起訴，而其聲明則為單一，此種合併之訴，有其請求之標的為同一之給付者，亦有數宗形成之訴，可致同一法律上之效果者」（注四）。或謂「同一原告對於同一被告，有得相互獨立之數種權利，而此相互獨立之數種權利，係有同一目的，基於各該權利在同一訴訟程序，以單一之聲明，要求法院為同一之判決」（注五）。以上定義，可知訴之重疊合併，其共通之特徵為㈠原告提起之訴訟中，包含有數個訴

注一　參照石志泉著，「民事訴訟法釋義」，大東書局，民國四十五年三月版（以下簡稱石著），第二五二頁。

注二　參照姚瑞光著，「民事訴訟法論」，自版，民國七十六年六月版（以下簡稱姚著），第三一九頁。

注三　參照蔡章麟著，「民事訴訟法(上)」，自版，第二版，（以下簡稱蔡著），第二五〇頁。余覺編著，「民事訴訟法實用(中)」，大東書局，民國三十六年五月版（以下簡稱余編），第四一頁。

注四　參照曹偉修著，「民事訴訟法釋論(上)」，自版，民國六十一年六月版（以下簡稱曹著），第八一〇頁。

注五　參照王甲乙、楊建華、鄭健才合著，「民事訴訟法新論」，自版，民國六十三年五月版（以下簡稱王等著），第二九〇頁。（民國七十六年六月版第二六四頁則謂數種請求，並無先後次序之分，而係要求法院同為判決，故法院應就全部請求加以審理）。

訟標的。㈡原告基於各訴訟標的，皆可對同一被告為同一之請求，或可致同一之法律上效果。㈢原告之聲明單一。但此種重疊合併提起之訴訟，各訴間關係如何？法院應如何審理？如何裁判？則學者間意見並不一致，有進一步加以檢討之必要。

〔參〕重疊合併提起之數訴間之關係

重疊合併之訴訟中，包含有二個以上之訴訟標的，雖依該數訴訟標的，原告得對被告為同一之請求，或可致同一之法律上效果，惟其間關係如何？有主張數訴訟標的處於同等地位，法院應就該重疊合併之數訴，一一加以判決者（注六）。有主張數訴訟標的處於同等地位，惟法院審理至一訴訟標的為有理由時，即得為判決者（注七）。有主張法院僅得任擇其中有理由之一訴訟標的為判決，而不得以原告之數項請求均有理由，為其勝訴判決者（注八）。吾人以為原告以一訴主張數訴訟標的，並以一個聲明請求判決者，其目的當重在獲得如其聲明之判決。其主張數訴訟標的，僅在獲得如聲明判決之手段，故法院就如何之訴訟標的判決原告勝訴，在通常情形，並非原告之所在意。再從訴訟經濟與迅速之方面言，法院於此合併之數訴訟標的中，發見某一訴訟標的，似足以維持原告之請求時，即指揮先就該訴訟標的為辯論，果能成立，即可為原告勝訴判決，如此亦可節省審理之過程及裁判書製作之時間。因之，此一類型之訴訟，除當事人特別表明請求，應就全部訴訟標的，一一為裁判者外，宜解為數訴訟標的，處於可由法院擇一審判之狀態，法院可準用民事訴訟法第二百零六條之規定，定辯論次序而為辯論。或謂各訴訟標的舉證

注六　參照石著，第二五五頁。蔡著，第二五〇頁。姚著，第三二〇頁。
注七　參照曹著，第八一一頁。
注八　參照吳明軒著，「中國民事訴訟法（中）」，自版，民國七十四年七月版（以下簡稱吳著），第六八六頁。

方法不同，請求權消滅時效亦不相同，倘由法院擇一判決，將對原告不利。惟在主張須就數訴訟標的一一併予審判之情形，仍難免遭遇相同之情形，況該難以舉證之訴訟標的如果無理由，法院尚須就他訴訟標的為審判，亦無對原告不利可言。至判決後，消滅時效之重新起算，我國法與德國不同，雖經判決，其時效期間，仍按原請求權之時效期間，其期間不滿五年者，期間變為五年（民法第一百三十七條）計算，則於法院選擇短期時效之訴訟標的為判決時，或有影響於原告；然衡諸一般情形，原告提起訴訟行使其請求權，其目的在於取得執行名義，以對被告強制執行，除債務人確無財產可供執行者外，鮮有債權人於判決確定後放置確定判決五年不執行而令其罹於消滅時效者。故此情形似無特加考慮之必要。果原告有此顧慮，自可於起訴或言詞辯論時，特別聲明求為就全部訴訟標的而為判決。日本學者對於此一類型之合併，謂其為附解除條件之合併提起數訴，並名為選擇（擇一）之合併（注九），對於當事人特別表明須就數標的同時判決者，因其合併之情形與如附圖第Ｉ類型者相同，故認屬單純之合併(注一〇)。該國學者對於所謂重疊合併(Sukzessive Klagenhäufung)則謂係指以一請求與於該請求有理由時之他請求，合併起訴——例如提起詐害債權撤銷之訴，並合併以該撤銷之訴為有理由之返還已交付物之訴之情形(注一一)。應屬附圖第Ｉ類型之相牽連單純合併，值得吾人參考。

注九　參照中村英郎著，「民事訴訟法」，成文堂，昭和六十二年版（以下簡稱中村著），第一八七頁。中野貞一郎、松浦馨、鈴木正裕合著，「民事訴訟法講義」，有斐閣，昭和五十三年版(以下簡稱中野等著)，第四九七頁。小室直人、賀集唱合編，「新版民事訴訟法」，日本評論社，昭和五十六年版（以下簡稱小室等編），第二九一頁。

注一〇　參照岩松三郎、兼子一合編，「法律實務講座民事訴訟第一審手續(1)」，有斐閣，昭和五十九年復刊版（以下簡稱「實務講座」），第一四六頁。

注一一　參照中村著，第一八九頁。

〔肆〕重疊合併之訴之審理及裁判

　　當事人以重疊合併之形式提起訴訟，該數訴訟標的於起訴時，即同時繫屬於法院，在採法院對此數訴訟標的均應一一加以審理之見解者，法院固須對該數訴訟標的一併審理，審理之結果，倘各訴訟標的之請求皆有理由，法院固可依該單一之聲明，判決原告勝訴，不必一一於主文諭示(注一二)。惟如審理結果，認一訴有理由，一訴無理由時，究應如何判決，有謂此時可諭知原告勝訴，並於判決理由內敍明他訴無理由之理由者(注一三)，有謂應就各訴分別爲勝訴及敗訴之判決者(注一四)。吾人以爲重疊合併之訴之型態，原告係以單一之聲明，主張數訴訟標的，如果原告特別表明須就各訴訟標的一一裁判，雖形式上爲一個聲明，實質上係屬同一聲明之省略，則法院分別依其請求之有理由或無理由爲原告勝訴及敗訴之判決，固可贊同，倘原告之目的，僅在獲得如聲明之判決而主張數訴訟標的，並無特別意思要求法院就其主張之數訴訟標的一一加以裁判，則法院一方面爲准如其聲明之判決，一方面又諭知他訴駁回，是否盡符原告聲明之意旨，似非無疑。又如對於請求無理由部分，僅在判決理由中說明而不於主文諭示，則此敗訴部分之判決，既非表現於主文之判斷，能否認該部分之判斷已發生判決之既判力，亦值推敲。若不能發生既判力，則於判決理由中加以論述，似無意義。因之，吾人比較贊同日本學者之見，認爲對於重疊之合併，除當事人特別明示要求法院就數訴訟標的同時一併裁判之情形（此時，實爲單純之合併）外，其數

注一二　參照石著，第二五五頁。余編，第四一頁。姚著，第三一六頁。王等著，民國七十六年版，第二六四頁。蔡著，第三六七頁。黃亮、黃棟培合著，「民事訴訟法釋論」，自版，民國五十六年(以下簡稱黃著)，第四四四頁。

注一三　參照蔡著，第三六七頁。姚著，第三二〇頁。黃著，第四四四頁。

注一四　參照王等著，第二六四〜二六五頁。張學堯著，「中國民事訴訟法」，三民書局，民國四十六年，第二三六頁。

訴訟標的，可由法院就其中請求有理由之訴訟標的擇一加以判決（注一五），為簡省訴訟程序，法院就各訴訟標的，亦得定辯論次序，而為辯論，於有一訴訟標的之請求有理由時，即以該訴為有理由為原告勝訴之判決，其餘之訴認解除條件已成就，而不得再為判決。又如當事人就數訴訟標的，於起訴時即預定其主張之次序，而為主張時，即附圖第Ⅲ型第二類之情形，從尊重當事人意思立場言，法院固應加以尊重，惟如當事人之目的僅在就該主張有次序之訴訟標的，請求同一聲明之判決，並不要求就全部標的一一判決，則如所列次序在後之訴訟標的之審理較次序在前之訴訟標的簡單而又顯見其請求為有理由時，有無拘泥當事人之意思，就繁雜之標的而為審理之必要？則滋疑問。

〔伍〕重疊合併之訴裁判之上訴及其審理

重疊合併之訴，依我國學者多數說，須對合併之數訴訟標的一一審理，而其審理結果，如合併之數訴均有理由或均無理由時，敗訴之當事人提起上訴，合併之數訴均移審於上級法院，固無疑問，如下級審法院審理結果，合併之數訴，為部分之訴有理由，部分之訴為無理由時，在主張應分別為勝訴敗訴判決之情形，受敗訴判決之當事人得就其敗訴部分上訴，其情形與單純合併之情形同，亦無問題。惟在主張此時僅為原告勝訴判決並於理由中說明某訴之請求無理由之情形，原告能否就被說

注一五 中村著，第一八七頁。中野等著，第四九七頁。小室等編，第二九一頁。「實務講座」，第一五三頁。菊井維大、村松俊生合著，「民事訴訟法(II)」，日本評論社，昭和五十一年版(以下簡稱菊井等著)，第六七～六八頁。兼子一著，「民事訴訟法體系」，酒井書店，一九六一年(以下簡稱兼子著)，第四一二～四一三頁。三ケ月章及新堂幸司係採新訴訟標的之理論，故不認有重疊(日本學者謂選擇)合併之情形。我國學者施霖所著「民事訴訟法通義」(會文堂，民國三十七年四月版)亦無重疊合併一類(第一九六～一九七頁)。

明無理由之訴部分提起上訴？如不能上訴，上級審法院審理結果，認下級審法院為原告勝訴之請求為無理由時，能否對被下級審法院認為無理由之訴部分審理？如審理結果反認為有理由時，應如何裁判？即成疑問。蓋上訴係對於不利之判決表示不服請求上級審法院予以救濟之制度。而所謂不利判決，學說上雖有「形式的不利」與「實體的不利」之分，因而當事人有「形式的不服」（Formelle Beschwerde）與「實體的不服」（Materielle Beschwerde）之不同（註一六），就我國實務上觀之，似採「形式的不利」說（註一七），果爾，原告對於該被說明無理由之訴部分，即不得提起上訴，上級審法院是否可以加以審理並裁判即不無疑問。倘認為求公平，上級審法院可以審理並裁判，於上級審法院認下級審法院認為有理之訴部分為無理由，無理由之訴部分為有理由時，上級審法院究應為上訴駁回之諭知，抑應廢棄第一審之判決，並就其認為有理由之訴部分，另為被上訴人勝訴之判決？亦屬問題。如依上述，法院對重疊合併之訴，為擇一之判決——如附圖第 III 型所示，法院就合併提起之甲、乙、丙三訴中，擇甲訴為原告勝訴判決時，因法院係就甲訴為原告勝訴之判決，故僅被告得提起上訴，惟乙訴上訴後，乙、丙二訴是否亦一併移審至上級法院，在日本學者固有不同意見，但通說及實務上，則認一併移審於上級法院（註一八）。吾人亦贊同之。蓋依民事訴訟法第四百四十八條規定，原告在第一審所為之訴訟行為，於第二審亦有效力。且在重疊合併之訴，數訴訟間之基本事實關係，常具有共通之關係，就當事人之審級利益言，亦無重大妨害，由訴訟經濟立場言，自以認有移審效力為宜。有問題者，為上訴經審理之結果，如認甲訴為無理由，而乙

註一六　小室直人著，「上訴制度の研究」，有斐閣，昭和三十六年三月版，第九頁。

註一七　參照最高法院二十二年上字第二五七九號判例。

註一八　兼子著，第四一三頁。小室等編，第二九一頁。中村著，第一八七頁。菊井等著，第六八頁。我國最高法院七十一年臺上字第二一一三號判決，亦曾採此見解（參照吳著，第六八五頁）。

訴為有理由時，上訴法院應作如何之判決？對此有謂上訴法院仍應為駁回上訴者，有謂應廢棄原判決發回原法院者，有謂應廢棄第一審判決，另為原告乙訴勝訴之判決，有謂僅須諭知原告乙訴勝訴之判決者（注一九）。吾人以為：重疊合併之訴，如容許法院選擇合併之數訴訟標的中，就有理由之一訴為判決之場合，上訴法院既認甲訴為無理由、乙訴為有理由，甲訴因解除條件之成就，而不能裁判，其情形類似訴之變更情形，法院自應就乙訴審理之結果，為原告勝訴之判決，對於甲訴部分，僅須於判決理由敍明即可（注二〇），不可另諭知廢棄原判決。

〔陸〕關於重疊合併之訴判決之既判力

在主張重疊合併之訴，法院應就合併之訴，一一審理裁判之情形，如合併之數訴全部有理由或全部無理由，其判決之既判力，對合併之數訴均有既判力，自不待言。惟在合併提起甲乙二訴，如甲訴有理由，乙訴無理由時，在主張法院應就甲乙二訴分別於主文諭示之情形，既判力及於甲乙二訴亦無問題。有疑問者，為主張於主文中僅諭知甲訴勝訴判決之情形，乙訴部分，雖於判決理由中有說明，該乙訴部分，是否發生既判力，即不無疑問。蓋既判力除依民事訴訟法第四百條第二項或有特別規定者外，以該訴訟標的經表現於主文判斷者為限（注二一）。乙訴部分，既未於主文中諭示，是否可認已生既判力，難謂無疑。倘認乙訴部分可生既判力，則原告對於乙訴部分，能否獨立依上訴請求救濟？如果原告因甲訴有理由而不能對乙訴（無理由）部分上訴，是否有礙原告對乙訴訴訟權之行使？若可獨立上訴，是否應改採實體的不服說？原告對乙訴

注一九　菊井等著，第七三頁。「實務講座」，第一六六頁以下。
注二〇　關於此點，本文修正拙著前述「訴之重疊的合併與選擇的合併」一文之意見。
注二一　參照姚著，第四四六頁。

之上訴，有無上訴利益？有無權利保護必要，亦值深研。如採法院擇一判決之情形，法院僅就合併數訴中有理由之一訴而爲判決，自僅就該判決之訴部分，有既判力，其餘之訴則不生既判力(注二二)。有使訴訟簡化作用。

〔柒〕結論

綜上討論，吾人認爲在原告提起如附圖第 III 型合併之訴(我國學者通稱重疊合併)者(注二三)，除其已明白表示，請求就各訴一一加以裁判者外，應認係以數訴訟標的合併提起一宗訴訟，以單一之聲明，請求法院認其中之一訴爲合法且有理由時，即就該訴爲判決，而撤回其他之訴之合併訴訟型態。換言之，以合併之數訴中，一訴之合法且有理由爲解除條件，撤回其他之訴，而合併提起之訴訟型態。至此型態之合併之訴，應如何統一學術上之用語，則尙有待學者之共識。

注二二　有不同意見，認爲此時判決之既判力及於合併提起之各訴(參照吳著，第六八五頁)。惟法院既僅就一訴而爲判決而將此判決之既判力及於未經裁判之其他各訴，似與民事訴訟法第四百條第一項之規定未盡相符。

注二三　王等著，民國七十六年六月版稱爲「選擇的合併」(第二六六頁)，其所稱「重疊合併」之情形，拙見認其爲單純合併之一種特別型態，即各合併之聲明同一而已。

※本文原刊載於「法令月刊」第三十九卷第四期

附圖

客觀合併之訴之型態

型態	名稱	事件	訴訟標的	訴之聲明	事件在該訴訟之地位或性質	其他說明
I	單純的合併	甲 乙	A B	a b	1.甲、乙在該訴訟地位平等,法院應就甲、乙同時判決 2.A、B間有牽連	有牽連的單純合併
		甲 乙	A B	a b	1.與上同 2.A、B間無牽連	無牽連的單純合併
II	預備的合併	甲 乙	A B	a b	1.甲、乙在該訴訟之審理,有先後次序 2.甲事件成立為解除條件,撤回乙訴訟 3.A、B間有排斥關係	
III	重疊(競合)的合併	甲 乙 丙	A B C	X	1.附解除條件合併提起之數訴 2.甲、乙、丙在該訴訟審理次序,由法院自由決定 3.甲、乙、丙中有一事件成立時,撤回其他事件 4.請求判決之事項單一	有主張法院應就全部之訴為審判分別准之訴為駁(第一),或一訴有理由他訴無理由,應為准為判決之者
		甲 乙 丙	A B C	X	1.附解除條件合併提起之數訴 2.甲、乙、丙在該訴訟審理次序,先在起訴狀表示,於至一事件成立時,撤回其他事件 3.依次審理 4.與上同	(注二四)
IV	選擇的合併	甲 乙	A (B)	a 或 b	1.甲、乙在該訴訟之地位平等,法院應就甲、乙同時判決 2.A在該訴訟中,命被告給付 a 或 b 3.被告得選擇履行 a 或 b;或被告不履行 a 時履行 b	(注二五)

注二四　此種合併,學者亦有謂為「預備的選擇合併」或「不真正預備的選擇合併」者。

注二五　關於選擇的合併(第IV型)之訴訟標的,充為一標的抑數標的的,學者有種種的抑數標的的說,德國民事訴訟學者有爭論。現在則較多採多採二訴一訴訟標的的說,故此類型之分類已不太為該國學者所採(參照中村著,第一八七頁以下)。

第三人訴訟參與之研討

要　目

第三人訴訟參與之研討

〔壹〕前言

　　民事訴訟制度之目的，在於解決私權之紛爭。而訴訟之提起，係以訟爭之法律關係爲中心，由其對立之兩造爲當事人之所謂二當事人主義制度（注一）。故在訴訟構造上，稱當事人即指訴訟之原被兩造。惟私權紛爭之緣起，往往不限於對立兩造一方面，有時係多方面地糾結在一起，且裁判之效力或結果，有時亦足影響及於該訴訟以外之第三人。故如僅就多面紛爭中之一方面予以解決，殊難達成終局的解決紛爭之目的，對於第三人之保護，有時更欠周延。本文試從擴大解決紛爭之功能，防止裁判之兩歧及如何保障當事人及第三人之程序權，討論第三人訴訟參與之架構，特別是強制參與制度可行性之檢討，限於個人之才識，謬誤之處敬請指敎！

〔貳〕第三人訴訟參與之類型

　　所謂第三人訴訟之參與（Intervention）（注二），係指一訴訟事件提

注一　參照 Walther J. Habscheid: *Die Voraussetzungen der Intervention Dritter in einen Rechtsstreit*，坂本惠三譯，「第三者が訴訟に参加するための要件」，刊載於「比較法學」，二五卷，一號，第四二頁以下。

注二　Intervention 或譯爲訴訟參加或參加訴訟。惟我國民事訴訟法第一編第二章

起後，該起訴事件當事人即原被兩造以外之第三人，參與該訴訟之情形
而言。從其參與型態在訴訟上地位分析，可分爲：

甲、獨立地位的參與

即第三人以自己獨立之地位參與他人間之訴訟。此類型之參與，第
三人係以獨立之地位參與。因此，第三人參與後，即成爲該事件新加入
之當事人，使二當事人變爲多面當事人（un processo triangular）（注
三）。可再分下列三個類型：

㈠以本訴訟兩造爲共同訴訟人型

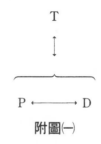

附圖㈠

如附圖㈠，民事訴訟法第五十四條之訴、德國民事訴訟法第六十四
條之主參加訴訟（Hauptintervention）、法國民事訴訟法第三百二十九
條之主參加（intervention princupale）（注四）、或日本民事訴訟法第六
十條之主參加訴訟與第七十一條之獨立當事人參加之情形是。

㈡追加第三人爲一造共同訴訟人型

第三節之訴訟參加有特別之意義，故本文於此不用「訴訟參加」一詞，而用
「訴訟參與」一詞以相區別。

注三　多面當事人之訴訟，除第三人獨立地位之參與外，尚有如 FRCP 第十三條(g)
項所定交互訴訟（Cross—Claim）之情形。

注四　關於法國民事訴訟法資料係參考日本法務省司法法制調查部編：「注釋フラ
ンス新民事訴訟法典」，法曹會發行，昭和五十三年九月版。其間並煩藍瀛芳
教授校訂資料，並此申謝。

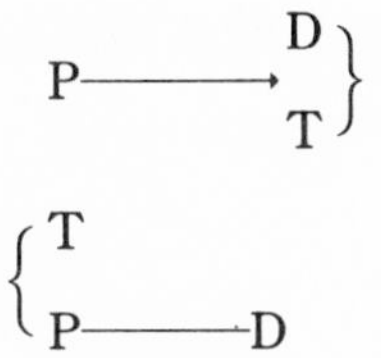

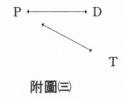

附圖(二)

如附圖(二)，即原告於起訴後，追加原非當事人之第三人 T 爲共同原告或共同被告之情形。

(三)原訴訟之被告轉向第三人提起訴訟型

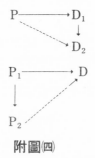

附圖(三)

如附圖(三)，即原告 P 對被告 D 起訴後，被告 D 於原訴訟中以 T 爲被告，對之起訴之情形，此在現行民事訴訟法未有規定。美國聯邦民事訴訟規則（Federal Rules of Civil Procedure, FRCP）第十四條所定第三人訴訟（The Third-party Practice）即屬之。

(四)第三人承當當事人之一造地位，而變爲該造當事人之情形

P——→D₁
　　↓
　　D₂

P₁——→D
↓
P₂

附圖(四)

例如民事訴訟法第六十四條第一項之參加人承當訴訟；同法第二百

五十四條第二項之受讓訴訟標的法律關係之第三人，經訴訟他造同意而承當訴訟之情形；同法第一百六十八條、第一百七十一條等第三人承受爲訴訟當事人之情形是。

乙、輔助地位的參與

即第三人以輔助當事人之一造而參與他人間之訴訟。此類訴訟之參與，第三人並非以獨立之地位而係以輔助當事人中之一造而參與，故非訴訟當事人。德國民事訴訟法第六十六條之輔助參加（Nebenintervention）、法國民事訴訟法第三百三十條之輔助參加（intervention accessoire）、日本民事訴訟法第六十四條之輔助參加是。

從第三人訴訟參與行爲之發動分析，第三人訴訟參與可分爲：

㈠任意的訴訟參與

即第三人於他人之訴訟中，任意地參與訴訟。例如第三人就他人間之訴訟標的全部或一部，爲自己有所請求，或主張因他人間訴訟之結果，自己之權利將被侵害，而以兩造爲被告之獨立地位的參與（即民事訴訟法第五十四條之訴）；於他人間訴訟參與作爲共同原告之訴之追加；或爲輔助訴訟當事人之一造，以有法律上利害關係之地位而訴訟參與（民事訴訟法第五十八條之訴訟參加）是。

㈡強制的訴訟參與

即第三人之參與訴訟，並非出於第三人之任意，而係受訴訟當事人或法院之強制而訴訟參與之情形。法國民事訴訟法第六十六條第二項有關於強制參與之規定。我國民事訴訟法就獨立地位的訴訟參與，未如法國民事訴訟法設有專條。惟從訴之追加，尤其是第二百五十六條第四款規定，可知係強制參與之類型。就輔助地位的訴訟參與，於告知參加（民事訴訟法第六十五條）之情形，受告知之第三人雖無積極聲明參加訴訟之義務。惟依民事訴訟法第六十七條規定，受告知人不爲參加或參加逾時，視爲於得行參加時已參加於訴訟，準用第六十三條之規定。故似可

歸入於強制參與型。在行政訴訟法第八條，則有關於由行政法院命第三
人參加訴訟的規定。

〔參〕 第三人訴訟參與之界限

第三人訴訟參與係第三人於他人之訴訟中介入其間，足以影響訴訟
事件之進行，故第三人訴訟之參與應有一定之限制，殆無疑問。所應討
論者，為其界限之界定。茲先就各國立法作簡單介紹：

甲、在獨立地位的參與方面

法國民事訴訟法第三百二十九條第二項規定，獨立參加僅以聲明人
就其聲明有為訴訟之權利（droit d'agir）者，始得受理。獨立參加人係
就他人間之訴訟，主張自己有優位之權利。此項權利，縱未依獨立參加
之形式提出，於他人間之判決確定後，該第三人亦可依法國民事訴訟法
第五百八十三條規定，提起撤銷判決之訴，以除去或變更該判決效果
（effet d'un jugement）所致第三人之損害。德國民事訴訟法第六十四
條規定：「就他人繫屬中訴訟標的物或權利，全部或部分主張其請求權者，
得於該訴訟第一審繫屬後，確定判決終結前，以其當事人兩造為被告起
訴，主張其權利」。日本民事訴訟法第六十條規定：「就他人間之訴訟標
的全部或一部，為自己有所請求者，得於其訴訟繫屬中，以其當事人兩
造為共同被告，向第一審受訴法院起訴」。同法第七十一條規定：「主張
因訴訟結果，權利將被侵害之第三人，或主張訴訟標的之全部或一部，
為自己權利之第三人，得以當事人參加訴訟。」

美國聯邦民事訴訟規則第十四條（third-party practice）規定：(a)
項「被告何時得提起第三人訴訟：訴訟開始後，被告（即第三人訴訟原
告）得隨時就原告對其請求應負或可能負全部或一部責任之第三人，請
求對其送達傳票（summons）及訴狀（complaint）。第三人訴訟原告之

提起第三人訴訟，如在其爲本訴訟之原始答辯後未逾十日爲之者，其送達不必得允許。否則第三人訴訟原告對於全體訴訟當事人之通知，應聲請允許。被送達傳票及第三人訴訟訴狀之第三人（即謂之第三人訴訟被告）應依規則第十二條規定，對第三人訴訟原告之訴訟提出防禦，及依規定第十三條之規定，對第三人訴訟原告提起反訴；或對第三人訴訟中之被告提起交互訴訟（Cross—Claim）。第三人訴訟被告對於（本訴訟）原告得主張第三人訴訟原告對本訴訟原告基於同一法律行爲或原因事實所得主張之防禦。（本訴訟）原告得對第三人訴訟被告主張基於與本訴訟同一之法律行爲或原因事實之請求。此時第三人訴訟被告應依規則第十二條規定提出防禦，及依規則第十三條規定提起反訴或交互訴訟。任何當事人對於第三人訴訟得聲明異議或請求爲單獨或分別審理。第三人訴訟被告依本規則，得對第三人就其訴訟標的應負責或可能負責全部或一部責任者提起訴訟。第三人訴訟屬海商或海事管轄範圍內者，以於海商或海事對物訴訟中之船舶、貨物或其他財產爲限，得提起對物訴訟。於此訴訟，本條之傳票包括拘票，於適當時，第三人訴訟原告或被告包括被扣押財產之權利人」。(b)項「原告何時得提起第三人訴訟：本訴訟被告對原告提起反訴時，被告依前項規定得提起之第三人訴訟，原告亦得提起之」。(c)項「海商及海事之請求：原告主張之海事或海商之請求，於第九條(h)項之意義內，被告或請求權人（第三人訴訟原告）經由補償、分擔或以同一法律行爲、原因事實、或一系列之法律行爲或原因事實之理由，就可能對原告或第三人訴訟原告負全部或一部責任者，得追加爲第三人訴訟被告。在此訴訟，第三人訴訟原告亦得請求命第三人訴訟被告對原告爲有利益之判決。此時第三人訴訟被告與第三人訴訟原告同，得依規則第十二條規定方法對原告之請求提出防禦，且訴訟之進行，亦與原告以第三人訴訟被告及第三人訴訟原告起訴者同」。同規則第十三條(g)項（交互訴訟）規定：「被告對於其他共同所爲之主張與本訴訟或反訴之請求係出於同一法律行爲，或爲原因事實或與本訴之請求財產標的相

關連者，可對該共同被告提起交互訴訟。交互訴訟之原告亦可對就本訴訟中應負擔其責任之一部或全部之人，於此一交互訴訟中，一併起訴主張之」。(h)項「於反訴或交互訴訟審理程序中，被請求以一次判決解決所有爭執之本訴訟外之當事人，法院應依本規則之規定，命其爲共同被告，但法院對其應具有管轄權」。同規則第二十四條訴訟參加(intervention)(a)項：「權利參加(Intervention of Right)：下列情形聲請人於適當期間內提出聲請者，應准其參加訴訟。(1)美國法律(Statute of the United States)特別許可無條件爲訴訟參加，或(2)聲請人主張之權利與本訴訟標的或標的物有關，且本訴訟之判決結果對其權益之保護有實質上之侵害或阻礙時，但以本訴訟當事人無法適切代表聲請人之權益者爲限。」(b)項：「許可參加(Premissive Intervention)：下列情形，聲請人於適當期間內提出聲請者，法院得裁定許可其爲訴訟參加 (注五)。(1)美國法律規定得爲附件之權利 (conditional right) 參加時，或(2)聲請人爲主張或抗辯與本訴具有法律上或事實上之共通爭點者。當事人於訴訟中就某法令、行政命令或依該法令、行政命令所發布之規則、命令、規定或協定，有所主張或抗辯時，執行該法令或行政命令之聯邦或州政府官員或機關，得於適當期間內，聲請法院裁定許可其爲訴訟參加。法院於許可參加時，應斟酌許可參加是否會導致本訴訟程序之拖延或對當事人之權利造成損害。」(c)項：「訴訟參加之程序：聲請人聲請訴訟參加應將聲請書狀依本規則第五條之規定送達本訴訟之當事人。聲請書狀中應表明參加理由並附訴訟參加之主張或抗辯之聲明 (注六)。美國法律特許爲訴訟

注五　依 Formulabs, Inc. V. Hartley Pen Co., 275 f. 2nd (9th Cir, 1960); Wolpe V. Poretsky, 144 f. 2nd 505 (D. C. Cir, 1944) 判例，依在法院保管之財產所爲處分，聲請人之權利有受不利益之虞時，亦得爲權利參加，參照 M. D. Green: *Basic Civil Procedure*, 小島武司等譯，一八八六年，學陽書房，第一一九頁，R. H. Field, B. Kaplan, K. M. Clermont: *Civil Procedure*, p. 1307 (Foundation Press, 1990)。

注六　依注五所引小島等譯一書，謂訴訟參加係非訴訟之當事人，聲明作爲當事人

參加者，其聲請程序亦同。訴訟中對美國國會涉及公衆利益法案之合法性有所爭執，而無美國政府或政府官員、機關爲當事人時，法院應依 28 USC 2403 之規定，通知美國司法總長參加訴訟。」又依同規則第二十三條集體訴訟（Class Action）之規定，法院就一定條件下之訴訟，可爲集體訴訟之裁定，並以當時情況下可行之最佳方法通知此集體中所有具有利害關係之人爲當事人。被通知人如經合法通知而未於特定期日前請求法院將其排除於集體訴訟，則將來即應受該訴訟之判決（不論勝敗）之拘束。

乙、在輔助地位的參與方面

法國民事訴訟法第三百三十條：「輔助參加謂參加人依參加而輔助當事人一造聲明之情形（第一項）。輔助參加，於參加人有爲保全（conservation）自己權利之目的，而有輔助被參加人之利益時，受理之（第二項）。」德國民事訴訟法第六十六條第一項：「就他人繫屬中訴訟一方之勝訴，有法律上之利益者，爲輔助該造起見，得爲參加。」日本民事訴訟法第六十四條規定：「就訴訟之結果有利害關係之第三人，爲輔助一造起見，於該訴訟繫屬中，得參加訴訟。」

基於上述各國訴訟參加制度之簡介，可知各國對於第三人訴訟參與均有一定之界限。而其界限之界定，大致從訴訟經濟、防止裁判矛盾及當事人與第三人程序之保障上著眼。茲再分別從獨立地位的參與及輔助地位的參與來討論：

㈠獨立地位的參與

獨立地位的參與因第三人參與他人之訴訟後，即變爲該事件之一當事人。所謂參與，實質上即爲訴之提起，故除須具備一般訴之訴訟要件外，其參與之訴與原訴之間，依各國規定，大概須具有以下之關係：

之程序（見該書第一一九頁），故應屬獨立地位的參與。

1.兩訴之訴訟標的，有必須合一確定之情形。

2.兩訴之訴訟標的之權利義務，係基於同一法律上或事實上原因之情形。

3.原訴判決之結果，直接影響後訴原告（即獨立地位的參與人）之權利或利益之情形。

4.後訴所請求者，爲前訴訴訟標的之全部或一部之情形。

㈡輔助地位的參與

輔助地位的參與因係在輔助當事人之一造。故各國規定，參與人祇須對於他人間訴訟，具有法律上之利害關係或法律上利益（rechtliche Interesse）即得參與。所謂法律上之利益，在德國認係指因裁判之結果（內容或執行），對第三人之私法上或公法上之法律關係，受到法律上有利或不利影響之情形，故觀念上或經濟上之利益、事實上之利益並不包括在內（注七）。日本通說認爲所謂有法律上之利害關係，係指參加人之權利義務或其他法律地位，以訴訟標的法律關係之存否爲論理的前提，依此而受直接影響之關係。若僅屬判決理由中所判斷之事實或法律關係之存否之利害關係，則尚不足。惟目前之有力學說則認爲通說將訴訟結果限定於判決主文中對訴訟標的判斷，過於嚴格，似不合於就該紛爭因各種輔助參加之社會需求，因而主張判決理由中之判斷，第三人如有法律上之利害關係時，亦可謂有輔助參加之利益（注八）。法國判例上認爲參加人之利益，⑴不必具有因提起訴訟之必要之利益。⑵利益祇須現實的即可，其係基於現在之權利抑基於將來或不確定之利益，並不重要。⑶不必區分參加人因本訴訟之結果，其利益係僅受直接之影響或受間接

注七　Zöller: *Z.P.O.* 14 Auflage 1984, ss. 347～348.

注八　兼子一、松浦馨、新堂幸司、竹下守夫著，「條解民事訴訟法」，第一七七頁，弘文堂，昭和六十一年。井上治典著，「多數當事者訴訟の法理」，第六五頁，弘文堂，昭和五十六年。奈良次郎著，「參加制度の現狀」，*Law School* Aug. 1982, p. 13, 立花書房。井上治典著，「補助參加の利益」，收錄於新版「民事訴訟の爭點」，第一三六頁。

影響。故其可參加之範圍相當廣。但依判例，參加人之利益須⑴參加人之利益與被參加人之利益係個別的。換言之，須與當事人之利益可區分之個人的（personnel）利益。⑵個人的利益須屬重大（sérieux）者。⑶利益須非關係一身專屬性質之訴訟解決等要求（注九）。

〔肆〕我國民事訴訟法及其修正草案初稿規定之析述

甲、關於獨立地位的參與

民事訴訟法關於第三人之獨立地位的參與，作有如下之規定：

1.民事訴訟法第五十四條之訴，即前述附圖㈠型之獨立地位的參與。

2.第三人之承當訴訟，即第三人經兩造同意，而承擔其中一造當事人之地位為當事人。例如民事訴訟法第六十四條、第二百五十四條第二項之情形，即屬前述附圖㈣型之獨立地位的參與。

3.第三人之承受訴訟，即第三人因法定原因承受訴訟當事人一造之地位而為當事人之情形。例如民事訴訟法第一百六十八條、第一百六十九條、第一百七十一條、第一百七十二條、第一百七十四條、第五百八十一條、第五百九十條之情形。屬於前述附圖㈣型之獨立地位的參與。

4.第三人因原告之訴之變更，而使第三人因訴之變更而取代原為當事人之當事人地位（民事訴訟法第二百五十五條第一項）（注一〇）。亦屬

注九　參照注四所引，「注釋法典」，第二二三頁以下。

注一〇　關於訴之變更應否包括當事人之變更，日本民事訴訟法第二百三十二條規定，限於客觀的訴之變更。我國學者及判例上皆採肯定說。參照石志泉著，楊建華增訂，「民事訴訟法釋義」，第二九四頁，三民書局，民國七十一年版。王甲乙、楊建華、鄭健才合著，「民事訴訟法新論」，第三〇二頁，民國七十六年版。最高法院二十六年渝上字第三八六號，惟依該條立法理由第二段之說明，似不認有主觀的訴之變更（參照司法院編印，「民事訴訟法

前述附圖㈣型之獨立地位的參與。

　　5.第三人因原告訴之追加而成爲共同原告或共同被告之情形。例如民事訴訟法第二百五十五條第一項、第二百五十六條第四款是。屬前述附圖㈡型之獨立地位的參與。

　　在現行民事訴訟上，尚無前述附圖㈢型之獨立地位之參與。民事訴訟法修正草案初稿（注一一），在獨立地位的參與特有如下之修正：

　　⑴增設第四十四條之一，仿美國集體訴訟（Class Action），對因公害、事故、商品瑕疵或其他本於同一事實而被害之多數人，依第四十一條之規定選定一人或數人起訴請求損害賠償者，法院徵求原被選定人之同意後，公告曉示其他之被害人，得於一定期間內以書狀表明被害之事實、證據及應受判決事項之聲明，併案請求賠償。其請求之人，視爲已依第四十一條爲選定。應屬前述附圖㈡型之獨立地位的參與。惟依第四十一條第二項規定，視爲已依第四十一條選定之結果，又脫離訴訟而已。

　　⑵第二百五十四條當事人恆定主義作局部修正，即繼受訴訟標的法律關係之第三人，欲承當訴訟而他造不同意時，移轉之當事人或第三人得聲請法院以裁定許第三人承當訴訟(初稿第二百五十四條第二項)。法院於知悉訴訟標的有移轉者，應即以書面將訴訟繫屬情形通知第三人(初稿同條第四項)。此種情形屬前述附圖㈣型之獨立地位的參與，但賦予相當之強制性，並課以法院告知第三人之義務，係其特點。

　　草案初稿完成後，民事訴訟法研究修正委員會繼續檢討，就獨立地位的參與又增設第五十六條之一(注一二)。其第一項規定：「訴訟標的對於數人必須合一確定而應共同起訴，如其中一人或數人拒絕同爲原告而無正當理由者，法院得依原告之聲請，以裁定命該未起訴之人於一定期

　　　　歷次修正條文暨理由彙編」，第七六九頁，民國七十五年版)。

注一一　指司法院於八十一年十二月完成之民事訴訟法修正草案初稿，以下簡稱初稿。

注一二　參照該會第四二八次會議決議。

間內追加爲原告，逾期未追加者，視爲已一同起訴。」第三項規定：「第一項未共同起訴之人所在不明，經原告聲請命爲追加，法院認其聲請爲正當者，得以裁定將該未起訴之人列爲原告。」就其類型言，係屬前述附圖㈡型之獨立地位的參與。其特點在解決必要共同訴訟之多數共同訴訟人，因無正當理由或其所在不明，不能同列爲共同訴訟人致有當事人不適格之情形。其手段，則透過原告之聲請，由法院裁定命第三人爲獨立地位的參與，且係強制的參與。

對於附圖㈢型之獨立地位的參與，民事訴訟法研究修正委員會，於第七七次至第八二次及第二一三次、第四二九次會議曾經就美國民事訴訟規則有關第三人訴訟及交互訴訟制度應否引進詳加討論，但尚未作成結論。基本上個人偏向不宜引進爲獨立地位的參與之看法。蓋美國交互訴訟或第三人訴訟，雖可使多數相關訴訟利用同一訴訟程序予以解決，並可避免法院對於紛爭之判斷發生兩歧，有其優點；但亦有其缺點，諸如訴訟可能因複雜化而延滯、當事人攻擊防禦權、管轄利益、審級利益之保護、如何審理及裁判等，均須另作適當之調整。故以目前我國之環境言，尚非採用此制度之時機(注一三)。至引進作爲輔助地位的參與之可行性如何，則屬另一問題（請詳〔伍〕之說明）。

乙、關於輔助地位的參與

民事訴訟法關於第三人之輔助地位的參與作有如下之規定：
㈠民事訴訟法第五十八條之參加
即就兩造之訴訟有法律上利害關係之第三人，爲輔助一造起見，於該訴訟繫屬中，所爲之參加。一般稱之爲從參加。

注一三　日本法務省民事局參事官：民事訴訟手續に關する檢討事項第二・二・㈢同第三者を訴訟に引込む制度中亦曾提及（ジュリスト，一九九二年三月號，第六三頁），惟日本弁護士連合會則採反對之意見，參照該會印行，「民事訴訟手續に關する檢討事項に對する意見書」，第三四頁。

㈡民事訴訟法第六十五條之告知參加

即當事人得於訴訟繫屬中，將訴訟告知於因自己敗訴而有法律上利害關係之第三人。受告知人不為參加或參加逾時者，視為於得行參加時已參加於訴訟，準用第六十三條之規定（第六十七條）。

上述二條文中，所謂有法律上之利害關係，實務上見解認為「係指本訴訟之裁判效力及於第三人，該第三人私法上之地位，因當事人一造敗訴，而將致受不利益，或本訴訟裁判之效力雖不及於第三人，而第三人私法上之地位因當事人之一造敗訴，於法律上或事實上依該裁判之內容或執行結果，將致受不利益者而言」（注一四）。是茲所謂法律上利害關係，限於私法上之利害關係。惟學者有主張有公法上之利害關係，亦得參加訴訟者（注一五）。按法律上利害關係係參加訴訟之實質上要件，兩造對其參加若不提出異議，法院固不得加以審查，此時似可認係其類似責問權之放棄，而非其有本條所定法律上利害關係。是個人較贊同實務上所持見解。

草案初稿對於上述規定並未作修正，亦未另增其他條文。惟因討論美國交互訴訟及第三人訴訟制度之引進，認或可從擴大訴訟參加制度，以增進解決紛爭之功能較為可採，乃指定委員研究，提出具體條文以供討論。

〔伍〕 加強強制第三人訴訟參與，以擴大訴訟解決紛爭之功能

第三人訴訟參與中，關於獨立地位的參與，係第三人於本訴訟中，提起參與之訴，使訴訟變為多面當事人之訴訟，冀由一個訴訟程序解決多角紛爭，並避免裁判之矛盾，為其優點。但因第三人訴訟之參與，有

注一四　參照最高法院五十一年臺上字第三〇三八號判例。
注一五　參照姚瑞光著，「民事訴訟法論」，民國八十年二月版，第一三六頁。

時妨礙本訴訟之終局或本訴訟當事人攻擊防禦權之行使，故其提起應受限制。從上述之討論，現行法及草案初稿，對於第三人獨立地位之參與，除附圖㈢型外，均已設有規定。而附圖㈢型之訴訟，在美國實務上多屬關於將來給付之訴中，連帶債務人內部之求償或代位權（例如保證人，或保險公司之代位權）行使之情形（注一六）。惟此種情形，連帶債務人、保證人或保險公司在未履行自己之義務以前，有無求償權或代位權存在而可提起訴訟，在我國恐尚值研究。個人則以爲目前似無規定附圖㈢型之獨立地位的參與之必要。至輔助地位之參與，現行法與德日相仿。值得研究者爲輔助地位之參與，是否應限於第三人之聲請？從上述各國制度之檢討，可知有強制的訴訟參與與任意的訴訟參與兩種。按判決之效力，原則上固僅及兩造訴訟當事人，但有時判決亦直接對第三人發生效力或直接影響第三人私法上之權益，爲確保第三人之程序權，避免將來裁判之兩歧，強制的訴訟參與似有採用之價值。吾人以爲法院在審理訴訟事件時，遇有下列情形，應考慮第三人強制的訴訟參與：

㈠**本訴訟訴訟標的法律關係，當事人與第三人必須合一確定**

　　例如撤銷股東會決議之訴，未參與一同起訴之股東。

㈡**本訴訟之權利或義務，爲當事人與第三人所共同者**

　　例如共有人之一依民法第八百二十一條起訴時，未起訴之共有人。

㈢**本訴訟之請求係代位第三人之請求者**

　　例如本訴訟原告代位其債務人向被告提起清償債務時之債務人（第三人）。

㈣**本訴訟之當事人係以自己之名義爲他人訴訟時，該他人（第三人）**

㈤**本訴訟之判決所認定之法律關係或事實，拘束第三人者**

　　例如本訴訟原告對保險公司或加害人之雇用人提起給付保險金或損害賠償之訴時，該加害人（第三人）。

注一六　參照張財清撰，「美國聯邦民事訴訟規則反訴及第三人訴訟之研究」，楊建華教授指導碩士論文，民國七十六年六月，第一六九頁以下。

　　以上情形，當事人有時固得依民事訴訟法第六十五條第一項規定，為告知訴訟。惟依該條項規定，告知訴訟係將訴訟告知於因自己敗訴而有法律上利害關係之第三人。可知告知訴訟之目的，係為告知人自己之利益而設(注一七)。而吾人所主張之第三人強制的訴訟參與，係指由法院依職權告知該第三人參加訴訟，俾第三人有參與訴訟，提出攻擊防禦方法之機會，用以保障其自己之權益，兩者目的並不相同。基於上述討論，試擬第三人強制的輔助地位的參與規定如下：

　　「法院於訴訟繫屬中，知悉第三人與本訴訟有下列情形之一之關係時，應通知該第三人參加訴訟。

　　1.本訴訟之訴訟標的，對第三人必須合一確定者。

　　2.本訴訟之權利義務，為第三人所共有者。

　　3.本訴訟之請求，係代位行使第三人之權利者。

　　4.本訴訟之當事人，係以自己之名義為第三人而為訴訟者。

　　5.本訴訟判決確定之事實或法律關係，第三人應受拘束者。」

　　在此須附帶說者，即本訴訟之判決對於參加人之效力問題。依民事訴訟法第六十三條之規定：「參加人對其所輔助之當事人，不得主張本訴訟之裁判不當。但……不在此限」。係採所謂參加的效力說(注一八)。日本民事訴訟法第七十條規定：「除依前條(相當我國第六十二條)之規定，參加人不能為訴訟行為，或該訴訟行為不生效力，或被參加人妨礙參加人之訴訟行為，或被參加人因故意或過失，不用參加人所不能為之訴訟行為者外，裁判對於參加人亦有效力。」所謂「裁判對於參加人亦有效力」之本質如何？日本學者見解分歧，有採既判力說，認本訴訟判決之既判力主觀範圍擴及參加人。有採參加的效力說，認於被參加人敗訴之場合，

注一七　中野貞一郎、松浦馨、鈴木正裕編，「民事訴訟法講義」，有斐閣，昭和五
　　　　十三年版，第五四四頁。

注一八　參照石著，楊增訂「釋義」第八六頁。王、楊、鄭合著，「新論」第二九五
　　　　頁。汪褘成著，「新民事訴訟法釋論」，第一一二頁，民國六十一年版。

限於參加人與被參加人間，就訴訟標的權利、法律關係存否之判斷、理由中事實之認定及法律效果之判斷，有效力。有認就被參加人之對造與參加人間，應為既判力之擴張，而被參加人與參加人間則屬參加的效力者(注一九)。實務上則採參加效力說(注二〇)。吾人以為現行民事訴訟法第六十三條將參加效力限於參加人對其所輔助之當事人不得主張本訴訟之裁判不當，受輔助之當事人對參加人，或參加人與受輔助當事人之對造當事人間，是否亦應受本訴訟判決之拘束？實有檢討之必要。蓋本訴訟判決基礎之資料，係由當事人及參加人之協力所形成，且參加人之攻擊或防禦方法之提出，受其參加之時間、參加之目的及當事人行為之限制(民事訴訟法第六十一條)。對於本訴訟判決，在參加人未受程序權保障之情形下，參加人固可爭執本訴訟判決之正當性，但判決係在當事人充分之程序保障下所為，則該判決對於訴訟標的權利關係存否之判斷，及判決理由中就判決主文前提之事實認定，或先決條件權義關係存否之判斷，依誠信原則或禁反言（estopel）原則，當事人對參加亦不當再主張本訴訟判決之不當，始為合理。故民事訴訟法第六十三條關於本訴訟判決對於參加人之效力，亦宜加以修正。

〔陸〕 結論

第三人訴訟參與制度,有促進以一個訴訟程序解決多面紛爭之功能,並能防止裁判之矛盾。故如何擴大第三人訴訟參與制度之利用, 發揮其解決紛爭功能, 實為現在民事訴訟上之一重要課題。強制第三人輔助地位的參與（輔助參加）之採用, 不但可發揮訴訟解決多紛爭及防止裁判

注一九　新堂幸司著，「民事訴訟法」，第二版，第四四九頁以下，筑摩書房，昭和五十七年。三ケ月章著，「民事訴訟法」，第二九〇頁，弘文堂，昭和五十四年，似採參加效力說。
注二〇　最高裁判所昭和四十五年十月二十二日（民集24—11—1583）。

兩歧之功能，甚至可預防第三人與當事人間另一起訴訟之提起，期待有
更多的人研究，提出更多的解決方案。

分割共有物之訴之審理及其裁判之效力

要　　目

分割共有物之訴之審理及其裁判之效力

〔壹〕前言

年初整理個人近年發表之有關程序法方面論文，集成「程序法之研究㈠」一書時，適有最高法院七十五年度第一次民事庭會議決議之公布，其中一則關於分割共有物判決性質及執行力之決議，涉及書中「論分割共有物之訴」及「修正強制執行法之芻見」二篇論文。惜論文對此未曾作深入探討，乃引發個人對該決議研究之興趣。本次研究會適值應由個人提出研究報告。遂以此為題，將個人就此問題研究所得粗淺心得提出報告，就教於讀者，並請不吝指教。

〔貳〕分割共有物之訴之審理

甲、分割共有物請求權之性質

民法第八百二十三條第一項前段規定:「各共有人，得隨時請求分割共有物」。同法第八百二十四條第一項復規定:「共有物之分割，依共有人協議之方法行之」。第二項又規定:「分割之方法，不能依協議決定者，法院得因任何共有人之聲請，命為左列之分配: 一、以原物分配於各共有人。二、變賣共有物，以價金分配於各共有人」。第三項則規定:「以原物為分配時，如共有人中，有不能按其應有部分受分配者，得以金錢

補償之」。因之，共有人請求分割共有物之權利性質如何？對於討論分割共有物之訴之性質及其審理，至有關係，首須加以究明。

關於共有人請求分割共有物之權利，其性質如何？學者有謂係欲行分割之共有人，對他共有人請求同意分割之請求權者（注一）。有謂係欲分割共有物之共有人，依訴外一方的意思表示，而生使共有人間依某方法而實現具體分割方法，法律關係之權利，為一種形成權。此種法律關係形成之結果，各共有人負有為分割協議之義務，並於無法達成分割之協議時，分割請求權人即得訴請法院為之分割。故向法院提起之分割共有物之訴，為分割請求權行使所形成法律關係之一種效果，而非分割請求權之行使者（注二）。有謂分割請求權係指共有人得請求在法院分割之權利，由法院形成分割之法律關係為內容，在此意義下，分割請求權為形成權者（注三）。亦有謂分割請求權為一種物權的請求權，係協議分割或裁判分割之前提要件，不必解為形成權，但不罹於消滅時效者（注四）。在我國實務上認為共有物分割請求權為分割共有物之權利，非請求他共有人同為分割行為之權利，其性質為形成權之一種，並非請求權（注五）。按分割者，以共有關係消滅為目的之清算程序（注六）。可知分割之請求，

注一　日本學者松岡義正採之。參照奈良次郎著，「共有物分割の新について」一文。該論文連載於「判例タイマズ」，第五七九、五八〇、五八二、五八四、五八八期，一八九六年三至五月。（以下簡稱奈良文）。

注二　奈良文謂此為日本之通說，又川井健著，「注釋民法(7)」，川島武宜編集，有斐閣，昭和四十三年，第三三四頁。梅仲協著，「民法要義」，自版，民國四十四年十一月，第四〇〇頁謂：「各共有人，得隨時請求共有物，此原則也。請求分割共有物之意思表示，乃有相對人之單獨行為，一經表示分割之意思，即生效力」云，似亦採此說。

注三　奈良文及川井著，第四〇〇頁。

注四　奈良文及川井著，第三三五頁。姚瑞光著，「民法物權論」，民國七十一年四月，自版，第一三〇頁，謂：「此種請求分割共有物之權利，雖名曰『請求』，但非一般請求權，而係與共有關係俱存之權利」，似採此說。

注五　參照最高法院二十九年上字第一五二九號判例。

注六　參照民法第八百二十三條立法理由。

乃在於共有關係廢止（消滅）之請求。就此而言，分割請求權之行使，
既在爲廢止（消滅）共有之意思表示，自有形成權行使之性質（注七）。
惟關於分割之請求(行使形成權後)，法律並未規定其形成要件，其所形
成之法律效果，尚須透過分割方法之協議或法院之裁判（不能達成協議
時），始能完成，故屬實質上要件欠缺之形成權。

乙、分割共有物之訴之性質及其訴訟標的

　　分割共有物之訴之容認判決，有使共有關係原因之消滅，而變爲單
獨所有之效果。故在傳統上咸認其爲一種形成之訴（注八）。但一般學者
所謂形成之訴，係指原告主張對於被告有私法上之形成權，依法須經法
院以判決宣告，始能使法律關係或其他事項發生、變更或消滅，求法院
爲該判決之訴（注九）。共有人之訴請法院判決分割共有物，除少數係基
於共有人間就共有物是否得請求分割有爭執者外，多數係因全體共有人
就分割方法不能達成協議而提起。換言之，係因共有人因不能以協議定
分割方法，須由法院以裁判代替共有人之分割協議而已。是分割共有物
之判決爲分割請求權行使之結果所生次位(或強制)（注一〇)的分割方法
之決定。惟在裁判分割之情形，共有關係須待分割共有物判決之確定，
始眞正發生廢止（消滅）共有關係之效果。故在此意義下，吾人謂分割
共有物之訴爲形成之訴，或較更切合現行制度下所屬之訴訟型態（注一
一）。

注七　參照史尚寬著，「物權法論」，民國六十八年五月，自版，第一五〇頁。
注八　參照拙著，「程序法之研究㈠」，自版，民國七十五年三月，第三頁。奈良文。
注九　參照石志泉原著，楊建華增訂，「民事訴訟法釋義」，三民書局，民國七十一
　　　年十月，第二六九頁。姚瑞光著，「民事訴訟法論」，自版，民國七十五年七
　　　月，第三〇三頁。
注一〇　此係指對協議分割而言。
注一一　現行制度下，訴訟型態分爲給付之訴，確認之訴及形成之訴三種。分割共
　　　有物之訴富有非訟之性質，是否應於傳統之三種訴訟型態外，另創第四型
　　　態之訴，係一值得更進一步研究之新課題。

關於形成之訴之訴訟標的，向來有主張⑴形成權說，謂形成之訴之訴訟標的為形成權者。⑵形成判決請求權說，謂形成之訴之訴訟標的為對國家要求為形成判決之請求權者。⑶原因形成說，謂形成之訴之訴訟標的並非權利，而係形成之原因或形成之要件者(注一二)。我國實務上及學者大都採形成權說(注一三)。然則，分割共有物之訴，其訴訟標的為何？吾人以為，共有人間就共有物之分割發生紛爭之型態可能有二種：

㈠對於共有物之分割，不但分割方法有爭執，且就共有人可否請求分割亦有爭執之情形

例如共有人中有人請求分割，有人主張有民法第八百二十三條第一項但書情形或法律限制不得分割之情形存在，而反對分割，因而不能達成分割協議。

㈡共有人全體對於廢止（消滅）共有關係皆無異議，僅因共有人間就分割方法無法達成協議

就㈠型態之情形而言，兩造所爭執者，為分割請求權（形成權）之能否正當行使，並進而定形成消滅共有關係之效果(定分割方法)，則此訴訟之訴訟標的為分割請求權(形成權)，似無問題。但在㈡型態之情形，兩造對於分割請求權之行使並無爭執，換言之，此時兩造間並無爭執之法律關係存在，所爭者為定分割方法，俾使共有人能依合理、適當方法廢止共有關係單獨取得所有權。可知㈡型態之分割共有物判決，並非以確定法律關係為對象，而係透過法院所為合理、適當之分割方法，代替共有人不能協議達成之分割方法。重在合目的性（Zweckmässigkeit）之實現，而非司法作用(注一四)。故由理論上言，㈡型態之事件，性質上

注一二　參照鈴木正裕著，「形成訴訟の訴訟物」，刊載於「學說展望ジユリスト」，第三〇〇期，一九六四年六月，第二五〇頁。

注一三　參照姚瑞光著，「民訴」，第三〇三頁。楊建華著，「民事訴訟法㈠」，「問題研析」，自版，民國七十四年五月，第一八三頁以下。

注一四　參照兼子一著，「民事訴訟法體系」，一九六一年二月，酒井，第一四七頁。

應屬非訟事件，而應依非訟事件程序處理(注一五)。惟實務上就此型態之事件，仍依一般訴訟程序裁判，故通說咸謂分割共有物訴訟之訴訟標的為請求分割共有物之形成權。

丙、分割共有物之訴之審理

分割共有物之訴與一般形成之訴在性質上有相當之差異有如上述，是關於分割共有物之訴之審理，較之一般訴訟之審理有若干之特異點。

㈠職權主義運用之擴張

民事訴訟關於訴訟之審理，原則上係採辯論主義，故除別有規定外，法院不得就當事人未聲明之事項為判決（民事訴訟法第三百八十八條）。從而裁判之範圍，應以當事人之所聲明為準。分割共有物之訴，不論其為上述㈠或㈡型態，共有物之分割方法，既為當事人請求法院判決之事項，理論上，原告自應就分割方法為聲明。然誠如上述，分割請求權(形成權) 行使，法律並未定其形成要件，故通說皆謂原告祇須聲明「准分割共有物」即可(注一六)。縱原告就分割方法為聲明或主張，法院仍得自由裁量而為適當之分配，不受當事人聲明或主張之約束。法院亦不得以原告所主張分割方法之不當，遽為駁回分割共有物之訴之判決(注一七)。可知在分割共有物之訴之審理上，關於分割方法之決定(形成效果)，係採職權主義，而不受辯論主義之拘束。

㈡共有人應有部分之表明

分割共有物之訴，雖有學者解為係原告請求自己脫離於共有關係外之訴訟，故須聲明其應有部分(注一八)。但通說則認分割共有物之訴，係

注一五　現行非訟事件法對此型態事件未設有規定，有待將來之修正，對於訴訟之非訟化理想之實踐，將有積極之意義。參照拙著，第八頁以下。

注一六　參照奈良文。拙著，第五頁以下。

注一七　參照最高法院四十九年臺上字第二五六九號判例及奈良文。

注一八　參照奈良文。

在廢止（消滅）共有人間之共有關係，自無於聲明表示應有部分之必要。然各共有人應有部分若干？將涉及分割方法之決定及當事人是否適格之審查。原告於訴訟審理中自應陳述並舉證。關於各共有人之應有部分在採登記之共有物，例如不動產，應以土地登記簿上所記載者爲準，縱共有人主張其登記之應有部分與其受讓時實際應得之分數有誤，而有爭執時，亦非分割共有物之訴本身所得審查(注一九)。故如原告所主張或陳述之各共有人應有部分與土地登記簿記載者不同時，倘全體共有人對原告所主張各共有人之應有部分之分數均無異議，可解爲全體共有人同意按原告所主張之應有部分之分數定分割方法，基於辯論主義之原則，法院得依此分數比例定其分割方法外(注二〇)，自應依土地登記簿所載應有部分爲比例，定其分割方法。惟如原告主張自己之應有部分較土地登記簿所記載者爲少時，實務上認爲分割共有物之訴，在於消滅共有關係，性質上不能僅就其共有物應有部分之一部而爲請求分割(注二一)。審判長自應依民事訴訟法第一百九十九條第二項規定行使闡明權，使其爲完足之聲明或陳述。倘原告之眞意，僅在請求就應有部分之一部爲分割，法院自應以原告無此分割請求權（形成權）爲由，判決駁回原告之訴。又如原告主張其自己之應有部分，超過土地登記簿上所載應有部分之分數，除其他全體共有人同意其所主張之分數，可據以分割，或經提起確認之訴或更正應有部分登記之訴，經判決確定其分數後，依該分數比例分割外，因應有部分之爭執，並非分割共有物之訴之訴訟標的，似宜解爲法

注一九　參照最高法院六十九年臺上字第二六九一號判決（同院「民刑事裁判選集」，第一卷，第三期）。當然共有人如因應有部分之爭執有確定必要時，可於分割共有物訴訟中以追加之訴或反訴方式，提起確認之訴，更正登記之訴確定其應有部分。

注二〇　惟依土地稅法施行細則第四十二條第二項但書規定：「不依原有持分比例計算所得之價值分割者，應向取得土地價值較少者，就其減少部分課徵土地價值稅。」是值得特別注意者。

注二一　學說上有主張共有人得請求單獨將其應有部分之全部或一部單獨爲分割者。參照奈良文。

院應不受其主張之拘束，遵依土地登記簿上所載應有部分比例定其分割方法。且應有部分之主張，因非原告聲明之一部，法院亦無庸對超過部分爲駁回之裁判(注二二)。至未採登記之共有物，例如動產，兩造如就原告主張之應有部分分數未爭執，故得據該分數爲分割，如兩造就應有部分分數有爭執時，法院仍應就此爭點調查認定，並據以爲裁判基礎(注二三)。

㈢「協議分割不成立」要件，在訴訟上之性質

由民法第八百二十四條第二項規定之形式觀之,「分割方法不能由共有人協議決定」，似爲原告提起共有物之訴之要件，故有學者主張原告於起訴時，應主張並予證明始可者(注二四)。惟所謂不能協議決定，並不以曾經全體共有人協議而不能決定爲必要，且協議之時間亦無限制，故原告起訴後，被告有人反對分割或不同意原告所主張之分割方法時，即足認兩造有不能依協議決定分割方法之情事，自應認原告之請求爲法之所允許。縱原告在起訴前未經協議程序，而兩造（共有人）在訴訟上又能達成分割方法之協議，實務上恆將達成協議之分割方法，作成和解筆錄而終結訴訟(注二五)，鮮有以原告未經共有人協議不成立提起訴訟爲不合法，而予駁回原告之訴之情形。至共有人協議成立後，不履行協議，拒絕分割時，共有人不得再訴請分割共有物，僅得提起給付之訴請求履行分割協議契約（注二六）。惟如共有人此項履行協議請求權罹於消滅時效時，爲達到能夠消滅（廢止）共有關係之目的，如共有人爲時效之抗辯

注二二　將來如經另案確定判決確定原告之應有部分較登記簿所載者爲多，而分割
　　　　共有物判決已確定時，則生不當得利問題，不得另行起訴請求分割。

注二三　此時法院就此爭點所爲之判斷，並無既判力，當事人仍得以訴訟爭執。至
　　　　該爭點之判斷，是否有爭點效，則屬另一問題。

注二四　參照奈良文。

注二五　參照拙著，第三〇頁。

注二六　參照最高法院五十九年臺上字第一一九八號判例。

時，應認共有人仍得再訴請分割共有物（注二七）。

(四)部分共有物之保留共有

分割共有物之訴，目的在於廢止（消滅）共有關係，是共有人得否請求就共有物之一部爲分割而保留另一部爲共有？學說上對此尙有爭論（注二八），依私法自治之原則，如全體共有人對共有物之某部分同意分割，惟對分割方法不能達成協議時，共有人之一提起分割共有物之訴，請求專就該部分爲裁判分割，似無不可之理由(注二九)。但如有共有人反對爲一部分割時，自應解爲不得爲一部分割之請求。又法院爲分割共有物之判決時，自應使共有人間之共有關係消滅。惟：

1.在法院爲共有物之原物分割時，基於事實之需要，有使某部分原物仍保持原共有狀態之必要者，例如在共有土地之分割時，須預留公共通行道路之場合，目前實務上係判決「准分割，並分割出此公共通行道路部分諭知仍由兩造按原有應有部分分割比例保持共有」。由裁判之實質言，此項仍保留共有部分之判決，係駁回原告請求之判決，理論上似宜解爲此部分之共有物，係屬因物之使用目的不能分割之部分，將原告對於此部分之請求判決駁回，較爲妥當。否則即有創設新共有關係之嫌。

2.分割共有物之判決，在原物分割時，應使共有人就分得部分單獨取得所有權(adjudicatio)，在理論上不能於判決中，另爲創設新共有關係，亦即不得將共有物之某部分分割而由某數共有人就該分割物又保持共有關係。惟實務上對於有數共有人表示仍願保持共有關係時，均尊重其意思，於判決時，將共有物之某部分分由該數人，使其仍繼續保持共有(注三〇)。實務上之見解，在理論上雖尙有商榷之處(注三一)，但對於

注二七　參照最高法院六十八年第十三次民事庭會議決議。

注二八　參照奈良文。

注二九　此時與一部請求之情形相同，但須以共有物在性質上及法律上均允許就共有物之一部爲分割爲限。惟實務上似未見有此種一部分割之判決。

注三〇　參照最高法院六十九年臺上字第三八六二號(同院「民刑事裁判選集」，第一卷，第四期)。七十年臺上字第一四九〇號判決(同選集，第二卷，第二期)。

紛爭之解決，合於迅速、省費之要求，自可贊同。

㈤與分割共有物相關訴訟之提起

　　分割共有物之訴可否與給付分得物之訴或協同辦理分割登記之訴合併提起？在理論上頗有疑問（注三二）。實務上均認原告可以合併提起之（注三三）。但縱得合併提起此種訴訟，在審理上亦屬有疑問。蓋在分割共有物之訴為准予分割之判決確定以前，各共有人因分割結果單獨取得併有之部分尚未確定，原告能否依未確定之分割結果給付請求給付或辦理分割登記已值商榷，且分割共有物之訴與給付分得物之訴及協同辦理登記之訴，並非同一之訴(注三四)。故如經第一審法院為容認之判決後，被告僅就分割共有物之訴部分提起上訴，而未對給付分得物之訴及協同辦理分割登記之訴部分上訴時，倘將來第二審法院變更第一審判決之分割方法（而被告又不擴張上訴之聲明）時，則第一審判決所命交付分得物或命協同辦理分割登記部分，顯與第二審判決分割結果不符，而無法交付或登記（注三五）。不但此也，在合併提起給付分得物之訴之場合，因分割方法係由法院依職權決定，且依最高法院所持見解，縱法院未斟酌

注三一　就理論上言，分割共有物之判決，在廢止（消滅）共有關係，自不能將共
　　　　有物部分歸一部分共有人共有，創設新的共有關係，即令當事人有此主張，
　　　　法院亦不受其拘束(參照最高法院五十六年臺上字第二八四五號判決)。至
　　　　一部分共有人願意就其分得物保有共有關係，原屬另一共有關係之創設，
　　　　自不得因其意願而在分割共有物判決中，予以形成。

注三二　依強制執行法第一百三十一條及土地登記規則第二十六條第四款及第九
　　　　十條規定觀之，原告並無另提起給付分得物之訴及協同辦理分割登記之訴
　　　　之必要，且分割判決未確定前，形成效果尚未確定，當事人尚未取得單獨
　　　　所有權，理論上自不能合併提起此二種訴訟。

注三三　參照臺灣高等法院暨所屬法院三十八年法律座談會民事類第四十七號提
　　　　案研討結果，臺灣高等法院，「歷年法年法律座談會彙編(上)」，第三四〇
　　　　頁，民國七十五年四月。日本實務上亦與我國同（參照奈良文）。

注三四　參照最高法院六十六年第三次民事庭會議決議。

注三五　本次研討會學者有主張基於分割共有物裁判之一體性，主張此時第二審法
　　　　院可將給付分得物及協同辦理分割登記部分之第一審判決一併廢棄改判
　　　　者。

當事人所主張之分割方法，亦不生違背法令問題(注三六)，則除法院能探德國 Stuttgarter Modell 制度，將分割方法部分之心證預先公開，否則當事人對於其將分得何部分之共有物，殊屬無從預測，則原告將分得何部分共有物？該部分共有物爲何共有人占有？該共有人之占用該部分共有物係基於何法律關係？皆屬無法確定，如何令當事人就此爲適當完全之辯論？甚至能否指揮使其就此爲辯論皆屬疑問。突襲性之裁判(注三七)及未經合法辯論之裁判，皆隨時有發生之可能。是此種相關之訴訟，是否皆應准許其合併提起，實有重加檢討之必要。

㈥上訴——實質不服說之採用

按上訴爲當事人對於受不利之下級審終局判決聲明不服之方法。在下級審受勝訴判決之當事人，自無許其提起上訴之理(注三八)。關於不服（Beschwerde）之審理，向來有形式不服（formelle Beschwerde）與實質不服（Materielle Beschwerde）說之對立。對於一般訴訟，實務上似採形式的不服說(注三九)。因之，上訴須對於原判決所宣示之主文爲之（注四〇）。分割共有物之訴，經法院判決准爲分割時，此項判決主文形式上旣屬有利於原告之判決，如採形式不服說，原告即不得對之提起上訴。惟在分割共有物之訴，關於分割方法，學說及實務上旣認爲不屬於原告應受判決聲明之事項，且原告縱於訴訟上對於分割方法有所主張，法院亦不受其約束，甚至可以採用被告主張之分割方法命依該方法而爲分割，

注三六　參照最高法院七十一年臺上字第四六四三號判決，收錄於「選集」，第三卷，第四期。

注三七　關於突襲性裁判及德國 Stuttgarter Modell 制度，請參照邱聯恭著，「突襲性裁判」一文，載於「民事訴訟法之研討㈠」，民事訴訟法研究會，民國七十五年十月。

注三八　參照最高法院二十二年上字第三五七九號判例。佐佐木吉男著，「形成的形成訴訟の上訴」，「裁判と上訴(中)」，昭和五十五年，有斐閣，第六五頁。

注三九　參照小室直人著，「上訴制度の研究」，昭和三十六年，有斐閣，第九頁。楊建華著，「第二審上訴之利益」，刊載於「司法週刊」，第二六五期。

注四〇　參照最高法院十八年上字第一八八五號判例。

則對於原告言，實質上仍屬於受不利之判決。故一般咸認原告對於法院所定分割方法不服時，尚得對之提起上訴(注四一)。我國實務上就分割共有物之訴訟，亦採實質不服說，認原告對於准為分割之判決，亦得提起上訴。惟原告不服法院所定分割方法提起上訴時，能否僅聲明求為「就分割方法部分廢棄，另為適當之分割」？過去實務上曾有採肯定之見解者。然分割方法係分割共有物之訴，裁判消滅（廢止）共有關係而形成新法律關係之內容，為不可分的一主文，應解為當事人不得將之割裂，祇就分割方法部分提起上訴（注四二）。

㈦不利益變更禁止原則之排除

　　上訴為受不利益判決之當事人，求為變更為有利益判決之救濟方法。其言詞辯論，應於上訴聲明之範圍內為之（民事訴訟法第四百四十五條第一項）。法院為判決時，亦應在上訴聲明範圍內為之，不得對上訴人為較原判決更為不利益之判決，亦不得逾越上訴人聲明不服之範圍，而為其更有利益之判決。前者謂不利益變更禁止之原則（Das Verbot der reformatio in peius），後者謂利益變更禁止之原則（Das Verbot der reformatio melius）（注四三）。但在分割共有物之訴，因訴訟之性質係屬形式上形成之訴，關於形成內容即分割方法，法院不受當事人主張之約束，故第二審法院不受不利益變更禁止原則之拘束(注四四)。仍得本其所認最為適當之分割方法，命依該方法分割。

注四一　參照奈良文。

注四二　參照最高法院七十三年第二次民事庭會議決議。七十四年臺上字第四二七號判例。

注四三　參照飯塚重男著，「不利益變更禁止の原則」，收錄於「講座民事訴訟法(7)」，昭和六十年，弘文堂，第一九一頁。

注四四　參照佐佐木著，第七七頁。奈良文。日本大阪高判昭和五十一年十月二十八日判例。

〔參〕分割共有物判決之效力

一般討論判決之效力時，類皆分別就判決之羈束力、確定力、形成力、執行力加以討論，本文亦從之。

甲、判決之羈束力

分割共有物之判決，係法院判決之一種，爲分割共有物判決之法院，自應受其所宣示（未經宣示者經送達）判決之羈束（民事訴訟法第二百三十一條），不得再任意變更判決之主文，自不待言。

乙、判決之確定力

判決處於不得依通常聲明不服之方法救濟之狀態時，即發生形式上的確定力（formelle Rechtskraft）。分割共有物之判決，於當事人不得依上訴程序請求救濟時，發生形式上之確定力，殆無疑問。至於所謂判決之實質上確定力（materielle Rechtskraft），即爲訴訟標的之法律關係，於確定判決中經裁判者，當事人就該法律關係，不得更行起訴或於新訴中作與確定判決意旨相反之主張，法院亦不得於同一當事人之新訴中作反於確定判決意旨判斷之效力**(注四五)**。日本民事訴訟法第一百九十九條第一項名之曰「旣判力」。我國學說及判例上，亦概以「旣判力」稱之。形成判決（形成請求容認判決有無旣判力？）學說並不一致。有以形成之訴之紛爭解決，判決之形成力爲其必要且充分之要素，故一旦法院爲形成判決而發生形成力時，實體法律關係已因之變更或消滅，自無再有旣判力之必要者**(注四六)**。有認形成判決之機能固在其形力，形成訴

注四五 參照民事訴訟法第四百條，最高法院三十年上字第八號，四十二年臺上字第一三〇六號判例。

注四六 小山昇著，「民事訴訟法」，一九七七年四月，青林，第三六八頁。三ケ月

訟之訴訟標的，因形成判決肯定其形成權之正當存在，而形成某種法律
效果，當事人無再度就其形成權之存否爭執之可能，但關於形成結果之
法律關係發生不可爭性（Unangreif barkeit）已含有既判力之觀念在
內，且形成權雖依形成判決形成某法律效果而消滅，但其後如有主張形
成判決之形成權基準時點(最後事實審言詞辯論終結時)，原告之形成權
不存在，對之爭執提起訴訟時，如謂形成判決無既判力而得再爲訴訟，
理論上殊屬欠通。因主張形成判決亦應有既判力者(注四七)。吾人比較贊
同後說。分割共有物之訴，爲形式上的形成之訴有如上述，則准予分割
之判決(分割請求容認判決)，亦應有既判力當無疑問。惟目前實務上對
此有一問題值得特別討論：即共有人就共有之土地，提起分割共有物之
訴後，訟爭土地因政府實施土地重劃，土地重劃公告確定新分配之土地，
與重劃前原土地之位置不同，而分割共有物之判決又依重劃前土地位置
爲現物分割確定，共有人未及依分割共有物之確定判決爲分割登記前，
重劃公告又告確定時，共有人就訟爭土地所有權之共有關係，固因分割
共有物之判決確定,而共有關係消滅,但該分割判決所形成之效果——分
割方法，因重劃新分配之土地與原土地之位置不同，當事人已無法依分
割共有物之判決爲分割登記，亦無法處分其分得之土地（參照民法第七
百五十九條)，此時共有人可否再訴請分割共有物？應否受前確定判決既
判力之拘束，即成問題。於此場合，作爲分割共有物之訴之訴訟標的物
（共有土地），在土地重劃前與重劃後，共有土地之位置（甚至面積）在
事實上既有不同，縱在法律上認共有人共有之土地所有權不因土地之重
劃而變質，但分割共有物判決所定分割方法，係針對重劃前之土地爲分

　　　　章著，「民事訴訟法」，昭和五十四年，弘文堂，第六二頁。新堂幸司著，
　　　　「民事訴訟法」，昭和五十七年，筑摩，第一四八頁。本間靖規著，「形成
　　　　訴訟の判決效」，收錄於「講座民事訴訟法(6)」，昭和五十九年，弘文堂，
　　　　第二九二頁。
注四七　參照新堂著，第一四八頁、第四一四頁。

配，而無法適用於重劃後新分配之土地，共有人無法依分割判決單獨取得分割後之土地所有權，換言之，分割判決實際上無法達成分割共有物之目的——裁判之「事實上解決之適性與法解決之達成」之任務，自應解爲有特別必要之情形，例外地不受既判力之拘束，而得更行起訴(注四八)。

丙、判決之形成力

判決之形成力，謂判決之宣告，足使某法律關係發生、變更或消滅之效力。判決之形成力惟於形成判決（形成請求容認判決）有之。准分割共有物之判決，爲形成判決，故一經判決確定，共有關係廢止(消滅)，各共有人依判決所定分割方法，單獨取得各分得物之所有權（依變價分配之分割方法除外）。須注意者，在共有物爲不動產之場合，各共有人雖因分割共有物判決之確定，單獨取得分得物之所有權，但在未爲分割登記前，依民法第七百五十九條規定，仍不得處分分得物之物權。至以變賣共有物分配價金爲分割共有物之判決，於分割判決確定時，因並不發生共有物之當然變賣之效果，而共有物在變賣完成以前，共有物之所有權主體尚未發生變動，似難謂共有人間之共有關係業已因分割判決之確定而廢止(消滅)。此實因分割共有物訴訟本質上爲非訟性質，分割共有物請求權（形成權）欠缺實質上要件所致。解釋上宜認此時之共有關係，因共有物變價之完成而溯及於判決確定時發生共有關係廢止（消滅）之效果。

丁、判決之執行力

判決之執行力者，謂裁判所命給付之內容如不能實現時，得利用強

注四八　參照新堂著，第四二四頁。伊東乾著，「民事訴訟法の基礎理論」，日本評論社，昭和五十五年，第六〇頁以下。姚瑞光著，「民訴」，第四四三頁以下。

制執行程序予以實現之效力。有執行力之判決，祇於給付判決有之(注四九)。分割共有物之判決是否為給付判決？依最高法院最近之見解，認為「分割共有物之判決，兼有形成判決及給付判決之性質」(注五〇)。吾人對於此一見解深表懷疑。蓋分割共有物之訴，依一般通說認其性質為形成之訴而非給付之訴。對於形成之訴，法院就形成請求為容認之判決時，即為形成判決，如為駁回之判決時，則為確認之判決。個人學淺，尚未曾見有形成之訴，形成請求容認之判決兼具有給付判決性質之論著（在座各位先進如見有此類著作，敬請指教）。決議理由對此亦未見有說明，尚不知其理論之依據。或謂強制執行法第一百三十一條對於分割共有物判決，有關於得為強制執行之規定，故有執行力。但強制執行法第一百三十一條所以規定分割共有物判決得據以強制執行者，依個人之淺見，實因確定之分割共有物判決非給付判決，不屬於強制執行法第四條第一項第一款所定之「確定終局判決」，此類判決在本質上並無執行力。故有特別加以規定之必要，俾使於法院所定分割方法得以迅速實踐(注五一)。倘謂分割共有物判決兼有給付判決之性質，共有人既可執分割共有物之確定判決聲請強制執行（強制執行法第四條第一項第一款）自無再於第一百三十一條重複規定之必要。且共有人更不得再提起給付之訴，請求交付分得物，否則即與民事訴訟法第四百條第一項規定有違，但此又與最高法院向來見解不符(注五二)。況賦予判決之執行力與判決是否為給付判決在性質上未必盡同。蓋在給付判決係以容認原告對於被告一定之請求而命被告給付為內容。僅原告獲有執行名義，而得請求法院民事執行處對被告強制執行。縱給付判決因被告同時履行之抗辯而有對待給付之

注四九　新堂著，第四三八頁，三ケ月著，第五三～五四頁。兼子一著，「強制執行法、破產法」，昭和五十六年，弘文堂，第三四頁。陳世榮著，「強制執行法詮解」，民國六十九年，自版，第三八頁。
注五〇　參照最高法院七十五年第一次民事庭會議決議。
注五一　關於強制執行法第一百三十一條規定之妥適性，請參照下一段之檢討。
注五二　參照最高法院六十六年第三次民事庭會議決議。

條件，該對待給付部分亦非被告對原告之執行名義(**注五三**)，而僅屬原告聲請開始強制執行之條件(**注五四**)。然由強制執行法第一百三十一條規定賦予分割共有物判決執行力之情形觀之，非但原告有強制執行請求權，即令被告亦有強制執行請求權，得由被告執分割共有物判決反聲請對原告強制執行，並見其與給付判決之性質異。或謂我國民法關於共有物之分割，依民法第八百二十五條規定，係採權利移轉主義。共有人相互間發生類似於所有權讓與之關係，就此意義言，分割共有物判決有給付(意思表示之給付)判決之性質者。然分割共有物訴訟，係在請求法院裁判依法院所定分割方法廢止(消滅)共有人間之共有關係，而權利之移轉，係因共有關係廢止(消滅)所生法律效果，尚非分割共有物訴訟本身請求裁判之標的。否則，實務上向來准許合併提起之協同辦理分割登記之訴，即無提起之可能。故似亦難以分割共有物判決，有使共有人發生類似於所有權讓與之效果(**注五五**)，即謂分割共有物判決兼具給付判決之性質。

　　強制執行法第一百三十一條規定賦予分割共有物判決以執行力，是否妥適？吾人認為在討論分割共有物判決之效力時，亦有加以檢討之必要，現行強制執行法第一百三十一條分別就分割共有物判決之分得物點交、金錢之補償、及共有物之變賣三情形予以規定，茲依此逐一檢討如次：

㈠**關於分得物之點交**

　　按依原物分配與共有人之分割判決，僅使共有人依判決所定分割方法，單獨取得分得物所有權而已。當事人在訴訟中所辯論者，亦僅為關於原告可否請求分割及應如何分割之辯論，除非原告合併提起請求交付

注五三　參照最高法院六十三年臺抗字第三七六號判例。
注五四　參照司法院七十三年七月二十日（七三）廳民二字第三五三號函。
注五五　參照史尚寬著，第一五五頁。

分得物之訴，並不就原告對分得物有無交付請求權爲辯論(注五六)，更遑論被告對原告就分得物有無交付請求權之辯論，況關於分割方法係由法院依職權決定，在法院未曉諭當事人其將爲如何之原物分割以前，當事人尙不知分割結果，事實上亦無法預先就分得物請求權之有無，作適當完全之辯論，且言詞辯論期日原被兩造所提出之攻擊防禦方法，目的各異，同造當事人間更無相互攻擊防禦之可言，則同造當事人（共有人）甲占用乙之分得物，若乙可請求對甲強制執行點交，顯未使甲就分得物之交付部分有辯論之機會，對甲而言，實爲突襲性之裁判，更屬有背辯論主義之原則，蓋共有人取得原物某部分之單獨所有權與其取得單獨所有權後對該取得之所有物能否回復占有，係不同之層次，不能混爲一談。例如甲乙共有土地一百坪，甲付乙租金承租共有土地建築房屋，嗣乙訴請分割共有物，取得其中五十坪土地，能否謂甲乙間之租賃關係因分割判決之結果當然消滅，已非無疑，倘甲乙間之租賃關係不受影響，而謂乙尙可依強制執行法第一百三十一條規定，請求對甲執行點交其分得部分之土地，殊欠合理。且此事由復非執行名義（分割共有物判決）成立後，有消滅或妨礙債權人請求之事由，甲亦不得依強制執行法第十四條規定，提起債務人異議之訴。若有謂此執行力係基於分割共有物判決爲給付判決所生者，則基於旣判力——遮斷效，甲更不得以他訴訟主張其對乙分得之土地上有租賃關係存在，尤非適當。對於此種未經 due process 之事項，以強制執行法賦予執行力，洵非適宜（注五七）。

(二)關於金錢補償

金錢補償本爲分割共有物判決所定分割方法之一部而已，尙非命被告爲給付，原告亦未作如此聲明，不得謂此部分爲給付判決，且法院之

注五六　是否有辯論之可能而可合併提起給付標的物之訴，請參照本文〔貳〕、丙、(五)之討論。

注五七　按六十四年修正以前之強制執行法並無類似規定，參照「強制執行法資料彙編」，民國六十二年二月，司法行政部印。拙著，第二〇九頁。

命金錢補償，亦不限於被告補償原告一種，有時尚有原告應補償被告，或同造當事人（共有人）間相互補償之情形。此時被告可否執分割共有物判決聲請對原告或同造共同被告強制執行？原告之一可否執分割共有物判決聲請對同造另一共同原告（共有人）強制執行，皆屬疑問。由此益見分割共有物判決非給付判決。惟法院審理分割共有物之訴，如欲採金錢補償之分割方法時，通常須就補償金之計算標準命兩造為辯論，否則無法說明其所以定如何定補償金計算標準之理由，是兩造當事人就分割方法可謂已盡攻擊防禦之能事，且各共有人於分割共有物判決確定時，又已依確定判決所定分割方法取得依原物分配所得部分之所有權（注五八），如受配部分較其應有部分計算者為多之共有人，不依分割方法自動補償受配部分較其應有部分計算為少之共有人，而尚須經訴請給付判決始能對之強制執行，自非事理之平。況關於補償金額，共有人在分割共有物之訴訟中業已辯論而告判決確定，已有既判力，當事人縱在他訴訟亦不得再事爭執。故強制執行法第一百三十一條第一項規定共有人得對補償義務人之財產強制執行，在理論上言，雖不無斟酌之處，但就公平及訴訟經濟言，此種賦予執行力之特別立法，尚可贊同。

㈢共有物之變賣

本來依變賣共有物之方法分割共有物，並不以由法院民事執行處依拍賣方法為之必要。惟如共有人對於變賣方法不能達成協議，我國目前又無拍賣法可資遵循，共有人勢必再請求以強制方法變賣。為迅速達成分割共有物之目的，強制執行法第一百三十一條第二項規定共有人得請求執行法院拍賣，尚屬正當。

注五八　依最高法院七十四年度第一次民事庭會議決議，就同一共有物，對於全體共有人，應稱相同之分割方法（學說上有異說）。是在採金錢補償之分割方法，必各共有人均依原物分得原物之一部，僅因各共有人分得部分與其應有部分價值不相當，故以金錢補償而已（參照同院六十二年臺上字第二五七五號判例）。

〔肆〕結論

　　本論文提出之目的，在從分割共有物之訴之特質，檢討分割共有物之訴之審理與一般訴訟審理之差異，並探討分割共有物判決之效力，進而評述強制執行法第一百三十一條規定之妥適性及個人對最高法院七十五年第一次民事庭會議決議之意見。是否有當，尚祈高明不吝批評指教。

※本文原刊載於「朝陽大學法學評論」第五十三卷第二期

簡易訴訟之上訴程序及其問題

要　目

簡易訴訟之上訴程序及其問題

〔壹〕前言

　　七十九年八月二十日修正公布之民事訴訟法，對於調解程序與簡易訴訟程序作了重大之修正。其中關於簡易訴訟程序部分，擴大簡易訴訟程序之適用範圍；規定簡易訴訟應儘速辯論終結，以求簡易事件之速審速結；簡化言詞辯論筆錄之製作；增列法院得依職權爲一造辯論之規定；簡化簡易事件判決書之記載；簡易事件之第二審上訴或抗告程序改由地方法院合議庭審判之；增設對簡易程序之第二審裁判於經許可下，得向最高法院提起上訴或抗告；規定曾向最高法院提起第三審上訴或抗告後，不得再以同一理由提起再審之訴或聲請再審；增列重要證物漏未斟酌得爲再審理由等爲其重要之修正內容。值得吾人特別注意者，爲簡易事件上訴程序之修正，茲值該法修正施行伊始，願將新制度之內容及其可能發生之問題，提出介紹並討論，期對此制度之運作稍有助益。

〔貳〕修正民事訴訟法關於簡易事件上訴程序修正之要點

甲、簡易事件之上訴管轄法院

　　修正前民事訴訟法關於簡易事件之上訴，與通常事件之上訴無異，由高等法院管轄。本次修改民事訴訟法時，各方意見，雖有主張仿德日之法制，採四級三審制，將簡易事件劃歸簡易法院管轄者。惟四級三審制之採取，涉及法院組織之改變、人員經費等問題，經民事訴訟法研究修正委員會審愼研究討論結果（注一），仍維持三級三審制，不設簡易法院。但爲達到與四級三審相同之速審速結目的及減輕高等法院工作之負擔，關於簡易事件之上訴，第四百三十六條之一第一項修正爲：「對於簡易程序獨任推事所爲之裁判，得上訴或抗告於管轄之地方法院，其審判以合議行之。」換言之，簡易事件原則上在地方法院審結。爲顧及當事人之利益，原則上仍採二審制，即先由獨任法官爲第一審審判，不服其判決時，可上訴於同院之合議制法院爲第二審之審判。

乙、簡易事件之第二審訴訟程序

　　簡易事件其第二審上訴，仍由地方法院組織合議庭審判，與一般事件之上訴，由高等法院審判雖有不同，但其第二審訴訟程序並不準用第一審之簡易訴訟程序（注二）。依第四百三十六條第三項規定，其上訴程序準用第三編第一章關於一般事件之第二審訴訟程序（至準用後所可能發生之問題，詳〔參〕之討論）。

丙、簡易事件第二審訴訟程序中，訴之變更、追加及提起反訴之限制

　　第二審訴訟程序中，爲訴之變更、追加或提起反訴，依民事訴訟法第四百四十六條第一項規定，「非經他造同意不得爲之。但第二百五十六

注一　此案經研修會第三次至第八次會議，歷經六個會期詳細討論。
注二　參照最高法院修正「民事訴訟法施行後應注意事項」二（以下簡稱最高法院訂注意事項）。司法院頒「法院辦理民事調解暨簡易訴訟事件應行注意事項」（二十五第二項），（以下簡稱司法院頒注意事項）。

條第二款至第四款情形不在此限。」換言之，除有第二百五十六條第二款至第四款所定無礙行為之訴之變更或追加外，經他造之同意，亦得為訴之變更、追加及提起反訴。惟修正後之簡易訴訟程序與一般訴訟程序，實質內容（包括審判程序及上訴）有極大差異，為免影響當事人之審級利益及簡易程序速審速結之特質，第四百三十六條之一第二項規定，「當事人於上訴程序，為訴之變更、追加或提起反訴，致應適用通常訴訟程序者，不得為之。」申言之，簡易事件之第二審上訴程序中，關於訴之變更、追加及提起反訴，除受第四百四十六條所定之限制外，尚受第四百三十六條之一第二項之限制。

丁、簡易事件之第三審上訴

修正前民事訴訟法第四百六十六條第一項規定：「對於財產權上訴之第二審判決，如因上訴所得受之利益不逾十萬元者，不得上訴。」同條第四項規定：「對於第四百二十七條第二項訴訟所為之第二審判決，不得上訴。」是因第四百二十七條第一項及第二項規定提起之簡易事件，經第二審判決後即告確定，不得提起第三審上訴。修正民事訴訟法擴大第四百二十七條第二項簡易訴訟事件之範圍，復無訴訟標的金額或價額之限制，為保障當事人之權益，及貫徹最高法院法律審之精神，並求裁判上法律見解之統一，修正民事訴訟法第四百三十六條之二第一項規定：「對於第四百二十七條第二項簡易訴訟程序之第二審裁判，其上訴利益逾第四百六十六條所定之額數者，當事人僅得以其適用法規顯有錯誤為理由，逕向最高法院提起上訴或抗告。」論者有謂此為飛躍上訴者。須注意者，日本民事訴訟法第三百六十條第一項但書所定飛躍上訴及德國民事訴訟法第五百六十六條之一所定飛躍上訴（Sprungrevision）與此規定不同，德日之制度，係於第一審判決後，飛躍第二審訴訟程序，而直接提起第三審上訴(注三)，與此之對於第二審判決，向最高法院提起第三審上訴，

注三　參照拙著，「程序法之研究(一)」，第六二頁以下。兼子一著，松浦等改訂，「條

係飛躍高等法院（即級之飛躍而非審之飛躍）不同。又爲防止當事人濫行上訴，復規定提起第三審上訴，須經原裁判法院之許可（第四百三十六條之三第一項）。最高法院認上訴或抗告，不合第四百三十六條之二第一項及第四百三十六條之三第二項之規定而不應許可者，應以裁定駁回之（第四百三十六條之五第一項）。係兼採德國之許可上訴（Zulassung der Revision）（注四）及拒絕受理上告（Ablehnung der Annahme der Revision）制（注五）。

　　簡易訴訟事件之第三審上訴，其訴訟程序仍適用民事訴訟法第三編第二章第三審程序之規定（第四百三十六條之二第二項）。故其第三審亦爲法律審，原則上亦採書面審理主義，自須強制上訴人提出上訴理由，從而當事人提起第三審上訴時，應同時表明上訴或抗告理由；其未表明者，毋庸命其補正，由原法院裁定駁回之（第四百三十六條之四）。此與一般第三審上訴略異。在一般第三審上訴，雖亦採第三審上訴理由書強制提出主義，但不必於上訴狀內同時記載。祇須於提出上訴後二十日內，提出上訴理由書於第二審法院，即合於程式（參照第四百七十一條）。

〔參〕簡易事件上訴程序之諸問題

　　簡易事件之上訴，有第二審上訴及第三審上訴，茲分別就其上訴程序可能發生之諸問題中，提出若干問題加以討論。

甲、簡易事件第二審上訴諸問題

㈠簡易事件第二審法院之組織

解民事訴訟法」，第一一五四頁以下。Zivilprozessordanung Baumbach／Lauterbach／Albers／Hartmann 44 Aufl. s. 1332 ff.
注四　德國民事訴訟法第五百四十六條第一項，參照拙著，前揭書，第八八頁。
注五　德國民事訴訟法第五百五十四條 b，參照拙著，前揭書，第九〇頁。

　　簡易事件之第二審上訴係由地方法院之合議庭審判。地方法院之合議庭由法官三人組成(法院組織法第三條第一項)。惟地方法院組成合議庭審判簡易事件之第二審上訴時，宜比照一般事件之第二審上訴，由具有高等法院法官資歷之法官（司法人員人事條例第十一條）擔任（注六）。

㈡對於事件是否爲簡易訴訟事件爭議之上訴

　　民事訴訟事件之第一審法院，不論爲簡易事件或一般事件，除法律另有規定者外，皆由地方法院管轄，但其第二審管轄法院，則不同。簡易事件由同院以合議審判之，而一般事件則上訴於高等法院。故事件是否爲簡易事件之決定，於當事人之利益關係至爲密切。茲就其爭議之情形，分述如下：

　　1.法院依通常訴訟程序審判

　　⑴兩造無異議而爲言詞辯論後，於終結前提出事件爲簡易訴訟之爭執者，法院就此中間爭點，固宜以中間判決予以判斷（注七）。其經判斷認仍應適用通常程序者，訴訟事件即繼續進行尚無問題（注八），倘若認應適用簡易程序時，應否另爲移送之裁定，實務上採事務分配說，認可簽請院長改分案並報結（注九）。惟事件於依通常程序審理時係採合議審判者，於改分案依簡易程序審理時，究由原合議法院繼續依簡易程序審判？抑改由獨任法官審判，即成問題。蓋依民事訴訟法第四百三十六條之一第一項規定觀之，簡易程序之第一審審判，似應由獨任法官爲之。如依事務分配說，認此爲法院內部之事務分配，則一旦事件之審判法院

注六　吳明軒著，「關於修正民事簡易訴訟程序規定之適用㈢」，「司法周刊」，第四八七期。

注七　參照司法院編，「民事調解暨簡易訴訟程序修正條文及關係文書彙編（肆）」「民事訴訟法調解暨簡易訴訟程序法律問題」，（以下簡稱「法律問題」）第十則，民國七十九年九月出版。楊建華著，「民事問題試釋」（三三一），「司法周刊」，第四八七期。司法院頒注意事項三第二項。

注八　經依通常訴訟程序判決後，如有不服，即依通常訴訟事件之第二審上訴程序辦理（最高法院訂注意事項五）。

注九　同注七。

組成合議庭後，可否因法院內部事務分配之理由，將事件改依獨任審判殊值研究（注一〇）。事務管轄說，主張應為移送之裁定，似非全無理由。再事件倘依通常程序判決後提起第二審上訴，當事人對事件是否為簡易訴訟之判斷仍有爭執，並作為第二審上訴理由，而高等法院審理結果認屬簡易事件時，能否以第一審訴訟程序有重大瑕疵，依民事訴訟法第四百五十一條第一項規定，為發回之判決？吾人以為通常訴訟程序較之簡易訴訟程序繁複，對當事人權益之保護更為周密，在簡易程序中，雖可用較簡省之方法審理，但並不排斥用通常程序之規定審理訴訟事件，似難謂訴訟程序有重大瑕疵，實不宜以此作為發回判決之理由，應逕依第二審通常訴訟程序審判（注一一），至其判決可否上訴第三審法院，應否受民事訴訟法第四百三十六條之二第一項規定之限制，應依同法第四百六十六條第三項規定辦理（注一二）。

　　⑵兩造無異議而為言詞辯論，並經第一審判決後，於第二審上訴時，主張事件為簡易事件時，其情形應與⑴同。

　　2.法院依簡易訴訟程序審判

　　⑴兩造於第一審對事件是否為簡易事件並無異議，並經第一審判決後，始於第二審上訴中，主張事件為通常訴訟事件，不應依簡易程序審判時，依民事訴訟法第四百二十七條第三項規定觀之，宜解為兩造於第一審已合意將事件適用簡易訴訟程序，自不得在第二審訴訟程序中，再為此項主張（注一三）。

注一〇　通常事件經決定分由某法官（或庭）辦理後，除有迴避或法官調動外，不得將已分之事件，改由他法官辦理，以免發生干涉審判情事。

注一一　參照最高法院訂注意事項五。惟第一審法院係組織合議庭依通常訴訟程序審判時，是否會發生法院組織不合法（簡易事件為獨任審判）問題，不無研究餘地。

注一二　民事訴訟法於修正簡易訴訟程序時，未就第四百六十六條規定一併修正。依現行法規定，反變為不得上訴第三審，有待將來之修正。

注一三　類推適用民事訴訟法第二十五條、第二百五十五條第二項法理。最高法院訂注意事項四說明「惟同法（民事訴訟法）第四百二十七條第三項既明定

⑵兩造於第一審對事件是否為簡易事件已有爭執，經第一審認係簡易訴訟事件，依簡易程序判決後，於第二審上訴中仍為爭執，經第二審認該事件應屬通常訴訟事件時，則第一審所踐行之訴訟程序，顯有重大瑕疵，嚴重侵害當事人之利益，第二審法院自得準用民事訴訟法第四百五十一條第一項規定，為發回之判決（注一四）。

關於事件為通常訴訟事件抑簡易訴訟事件，地方法院之分案如有錯誤，實務上採事務分配說，不生管轄錯誤問題，惟如採事務管轄說，則將發生管轄錯誤及移轉管轄（民事訴訟法第二十八條）問題，此時，如經第一審法院認有管轄權而為實體判決，於第二審程序中，有無民事訴訟法第四百五十二條之準用，即不無疑問。

㈢簡易事件於第二審為訴之追加、變更及提起反訴諸問題

1.訴之追加、變更及提起反訴之一般限制

於第二審為訴之追加、變更或提起反訴，將使對造當事人喪失一個審級利益。簡易事件於第二審程序中為訴之變更、追加或提起反訴亦同，自應受民事訴訟法第四百四十六條規定之限制（同法第四百三十六條之一第三項）。

2.訴之追加、變更及提起反訴之特別限制

民事訴訟法第四百三十六條之一第二項規定:「當事人於前項上訴程序，為訴之變更、追加或提起反訴，致應適用通常程序者，不得為之。」按「因訴之合併、變更、追加或提起反訴，致其訴之全部或一部，不屬第四百二十七條第一項之範圍者，除經當事人合意外，其辯論及裁判，不得依簡易程序之規定。」（民事訴訟法第四百三十五條）換言之，此時

應適用通常訴訟程序之事件，得以當事人之合意適用簡易訴訟程序，則當事人在第一審程序對於前述程序之違背已表示無異議，或無異議而為本案之言詞辯論者，應喪失同法第一百九十七條第一項所定責問權，此種情形，前述程序上之瑕疵，得因當事人喪失責問權而補正」。結論與本人雖同，理由不同。

注一四　參照司法院頒注意事項十五第三項，最高法院訂注意事項四。

法院應全部依通常程序予以審理(注一五)。簡易事件之第二審法院與通常事件之第二審法院不同，自無從由簡易事件之第二審法院依簡易程序審理。故特別規定予以限制。此項限制，不因當事人之合意而得予以排除(注一六)。而所謂訴之變更、追加或提起反訴，致應適用通常訴訟程序：

(1)於訴之變更：可能係同為民事訴訟法第四百二十七條第二項之訴訟，因訴之變更結果變為不屬該條項之訴訟，此於依民事訴訟法第二百五十六條第三款之情形，亦有適用。例如甲訴請乙給付票款，嗣變更訴訟標的改依買賣請求價金。因買賣之價金請求不屬第四百二十七條第二項之訴訟，故不得為訴之變更。其原係同條第一項之情形，如訴之變更之結果，其訴訟標的金額或價額變為逾銀元十萬元之情形亦同。至當事人依同條第三項合意適用簡易程序者，其事件原即為通常訴訟事件，如其訴之變更合於一般訴之變更要件時，似不必限制其不得變更。

(2)訴之追加：對於民事訴訟法第四百二十七條第一項之簡易事件，為訴之追加，如其追加之訴屬於同條第二項所列之訴訟，尚不生致應適用通常訴訟程序情形(注一七)，如其追加之訴不合於該條項之訴訟，而其標的金額或價額與原訴訟之金額或價額合併計算逾銀元十萬元時，即應受特別之限制。

(3)提起反訴：被告提起之反訴，如屬於民事訴訟法第四百二十七條第二項之訴訟，尚不生致應適用通常訴訟程序問題。如其反訴不屬同條第二項訴訟，而其訴訟標的金額或價額逾銀元十萬元時，則應受特別限

注一五　參照楊建華著，「民訴實務問題試釋」(三三〇)，「司法周刊」，第四八六期。吳明軒著，前揭論文，「司法周刊」，第四八五期。

注一六　參照吳明軒著，前揭論文，「司法周刊」，第四八八期。最高法院訂注意事項三。

注一七　原告先提起民事訴訟法第四百二十七條第一項簡易訴訟，嗣追加同條第二項所列之訴，二訴之訴訟標的金額或價額合併計算，逾銀元十萬元時，應否依通常訴訟程序審理，學者有不同意見(參照楊建華著，「民訴實務問題試釋」(三三〇)，「司法周刊」，第四八六期)。

制。有疑問者，實務上在判斷第三審之上訴利益額時，本訴與反訴之上訴利益額係合併計算(注一八)，則在依訴訟標的金額或價額決定其所應適用之程序時，本反訴之訴訟標的金額或價額是否亦應合併計算？非無研究餘地。如為擴大簡易程序之利用，似可採不合併計算說。

　　茲須附帶討論者，修正民事訴訟法草案第二百五十九條之一，參考美國民事訴訟規則（Federal Rules of Civil Procedure）第十三條之強制反訴（Compulsory Counterclaims）制度，規定:「有左列各款情形之一者，被告應提起反訴: 一、本於同一法律行為或其他同一事實所生之權利義務關係經被告主張者。二、被告主張抵銷之請求尚有餘額得請求原告給付者。前項提起反訴之情形，除被告已於言詞辯論終結前陳明保留另行起訴之權利或有第二百六十條第一項情形外，不得更行提起獨立之訴。」此項強制反訴之規定，因有失權效果之規定，倘原告提起簡易訴訟，而反訴係通常訴訟事件時，如認係屬民事訴訟法第二百六十條第一項之情形，則規定強制反訴之目的，將大受限制，如何使其調和，尚有待於明文規定。

㈣民事訴訟法第四百二十七條第二項之訴訟，因案情繁雜，並因當事人之聲請經法院依同條第四項規定，以裁定改用通常程序者，其第二審程序，自應依通常程序之第二審上訴程序辦理

　　至其第二審判決則因同法第四百六十六條第二項之規定，不得上訴於第三審法院。於此情形較之同法第四百六十三條之二第一項規定，反有不利之情形，有待修法補救。又通常訴訟事件，於第二審上訴程序中，因訴之變更、訴之一部撤回或認其起訴一部不合法，致其訴訟事件變為屬於第四百二十七條第一項、第二項範圍者，仍應由第二審法院依通常

注一八　參照曹偉修著，「最新民事訴訟法釋論」，民國六十一年版，第一五〇四頁。石志泉原著，楊建華增訂，「民事訴訟法釋義」，民國七十一年版，第五二七頁。

上訴程序辦理（注一九）。

㈤簡易訴訟事件之第二審上訴程序,準用通常程序之第二審上訴程序（民事訴訟法第四百三十六條之一第三項）

因之準用第四百四十八條結果,「在第一審所爲之訴訟行爲,於第二審亦有效力」,固無疑問。惟簡易程序之第一審,關於證人得於法院外以書狀爲陳述(民事訴訟法第四百三十三條第二項)。則此項於法院外之書狀爲陳述之證據,於第二審法院欲採爲判決之基礎時,仍宜踐行證人之一般調查證據程序,不能因有上述規定,即採爲判決基礎。

㈥簡易事件之第一審給付判決,經假執行宣告者,被告提起上訴,固得聲請第二審法院就關於假執行之上訴,先爲辯論及判決（民事訴訟法第四百三十六條之一第三項、第四百五十五條）

至第一審之給付判決未經假執行宣告者,有無民事訴訟法第四百五十六條、第四百五十七條規定之準用? 按修正民事訴訟法第四百三十六條之二第一項規定: 對於第四百二十七條第二項簡易訴訟程序之第二審判決,其上訴利益逾第四百六十六條所定之額數者,當事人僅得以其適用法規顯有錯誤爲理由,逕向最高法院提起上訴或抗告。可見屬民事訴訟法第四百二十七條第二項之訴訟中,其上訴利益逾銀元十萬元之訴訟,尚得提起第三審上訴而阻卻判決之確定,與修正前之規定不同。又同條第三項訴訟所爲之第二審判決,實務上亦認有第四百三十六條之二規定之適用(注二〇),均有在第三審判決確定前,爲假執行之必要,應解爲有第四百五十六條及第四百五十七條之準用。

乙、簡易事件第三審上訴諸問題

㈠簡易事件得提起第三審上訴之範圍

民事訴訟法第四百三十六條之二第一項規定: 對於第四百二十七條

注一九　參照楊建華著,「民訴實務問題試釋」(三三六),「司法周刊」,第四九二期。
注二〇　最高法院訂注意事項八。

第二項簡易訴訟程序之第二審裁判，其上訴利益逾第四百六十六條所定之額數者，當事人……逕向最高法院提起上訴或抗告。準此，簡易訴訟事件得提起第三審上訴者，第四百二十七條第二項訴訟之第二審判決，其上訴利益額逾銀元十萬元者，固無疑問，同條第一項判決之上訴利益額未逾銀元十萬元不得提起第三審上訴，至同條第三項訴訟之第三審判決上訴利益額逾銀元十萬元者可否提起第三審上訴？自第四百三十六條之二第一項條文用語「對於第四百二十七條第二項……僅得以……爲由」及修正說明觀之，似乎有意限制簡易事件之第三審上訴。惟最高法院訂修正民事訴訟法施行後應注意事項八說明謂「……然第四百二十七條第二項所定應適用簡易程序之訴訟，經第二審判決者，尚許當事人對之提起飛躍上訴。至第四百二十七條第三項之訴訟，若未經當事人合意行簡易程序，各當事人原享有依通常訴訟程序提起第三審上訴之權利；祇因當事人合意行簡易程序，致不得提起第三審上訴之限制，顯係本末倒置，應依舉重明輕之法則，認第四百二十七條第三項訴訟經第二審判決者，亦在得提起飛躍上訴之列。」故實務上亦認爲第四百二十七條第三項訴訟之第二審判決，逾銀元十萬元者，得提起第三審上訴。

㈡合併提起之訴屬簡易訴訟事件之第三審上訴問題

　　民事訴訟法第四百二十七條所定簡易訴訟事件有三種情形。即①訴訟標的金額或價額未逾銀元十萬元事件，②同條第二項所列八類訴訟事件，③當事人合意適用簡易訴訟程序事件。其訴之客觀合併情形：

　　1.原告合併提起之數訴，均爲①型之訴訟。於此情形，須①型數訴之訴訟標的金額或價額之總和（依民事訴訟費用法第五條第一項規定），未逾銀元十萬元，始適用簡易訴訟程序，故不生得提起第三審上訴問題。

　　2.原告合併提起之數訴，均爲②型之訴訟，於此情形，不問各訴訟標的金額或價額有無逾銀元十萬元，均適用簡易訴訟程序(注二一)。此時

注二一　參照楊建華著，「民訴實務問題試釋」(三三〇)，「司法周刊」，第四八六期。

倘合併提起之各訴其上訴利益額均未逾銀元十萬元，但如合併計算則逾
銀元十萬元而合併提起第三審上訴時，依民事訴訟法第四百六十六條第
三項及民事訴訟費用法第五條第一項規定，似應認已合提起第三審上訴
之要件。須注意者，此時仍須合併之數訴，合於其他提起第三審上訴之
要件，如其中有不符要件，例如其所涉及之法律見解未具原則上之重要
性，或非主張適用法規顯有錯誤之情形，因該部分之上訴不合法被裁定
駁回時，他部分之上訴利益額因而未逾銀元十萬元時，仍將發生不得上
訴第三審問題。

　　3.原告合併提起之數訴，為①型與②型或②型與③型(注二二)，而合
併計算其上訴利益額逾銀元十萬元時，從民事訴訟法第四百三十六條之
二第一項規定文字文義觀之，與其規定尚不相符，惟最高法院所訂注意
事項已作擴張解釋有如上述，為保護當事人之權益計，宜認合於提起第
三審上訴之上訴利益額逾銀元十萬元之要件。

㈢簡易事件之第三審上訴理由

　　對於簡易訴訟程序之第二審裁判，當事人僅得以其適用法規顯有錯
誤為理由，提起第三審上訴或抗告（民事訴訟法第四百三十六條之二第
一項）。此與對於通常訴訟程序之「第二審判決上訴，非以其違背法令為
理由，不得為之」（民事訴訟法第四百六十七條）之情形不同。後者包括
第二審法院於認定事實之過程違背法令。而前者，則限於就第二審法院
確定之事實，適用法規之法律上判斷顯有錯誤者而言。故如民事訴訟法
第四百六十九條所列各情形，不屬此之適用法規顯有錯誤。又所謂適用
法規顯有錯誤,不僅限於第二審判決所適用之法規顯然不合於法律規定，
或顯然違反現尚有效之解釋、判例之情形，即第二審判決消極的不適用
法規，顯然影響裁判者，亦包括在內（注二三）。

注二二　至①型與③型之合併之訴，因訴訟標的之金額或價額合併計算之結果，實際
　　　　上即為單純的③型，故不另討論。

注二三　司法院頒注意事項十六第二項。

㈣簡易事件第三審上訴之許可

對於簡易訴訟程序之第二審判決，依民事訴訟法第四百三十六條之二第一項規定，雖僅以其適用法規顯有錯誤為限，當事人得逕向最高法院提起上訴，惟為免當事人任意提起第三審上訴，乃仿德國法例，於第四百三十六條之三第一項規定，應經原裁判法院之許可。茲所謂經原裁判法院之許可，與德國民事訴訟法第五百四十六條規定應由高等法院（Oberlandesgericht)於判決中許可其上訴之情形不同。第二審法院實際上亦不為許可之裁定。依同條第三項規定，為裁判之原法院認為應行許可者，應添具意見書(注二四)，敘明該事件所涉及之法律見解合於具有原則上重要性之要件之理由。其認為不應許可者，始以裁定駁回其上訴。最高法院對於原為判決之法院所為合於第三審上訴要件之認定，仍不受拘束，倘認為不合規定時，尚得以裁定駁回其上訴（民事訴訟法第四百三十六條之五)。而所謂訴訟事件所涉及之法律見解具有原則上之重要性（die Rechtssache gründsätzliche Bedeutung hat）係指該事件涉及之法律問題意義重大，而有加以闡釋之必要者而言，非以其對該訴訟當事人之勝敗有無決定性之影響為斷(注二五)。何種法律見解具有原則上重要性，應就具體情事判斷，例如對於一些分歧法律見解之統一、法理或習慣法之肯定是。

㈤簡易事件第三審上訴合法要件之審查

簡易事件之第三審上訴，應向第二審合議審判之地方法院提出，並由該法院為上訴是否合法之審查。其上訴除應具備一般第三審上訴之要件，例如遵守上訴期間，繳納裁判費等外，尚須具備特別要件。即

1.上訴利益額，應逾民事訴訟法第四百六十六條所定之額數，目前即銀元十萬元折合新臺幣三十萬元。

注二四　意見書之添具係原為裁判法院之義務，如不添具意見書逕將訴訟卷宗送交最高法院時，將退回命為補正（參照最高法院訂注意事項十一)。

注二五　司法院頒注意事項十九第一項。

2.須以第二審判決，適用法規顯有錯誤爲上訴理由。

3.須說明其法律見解有原則上之重要性。

當事人提起上訴時，應同時表明上訴理由，其於裁判宣示後送達前提起上訴者，應於裁判送達後十日內補具之。其未表明上訴理由者，毋庸命其補正，由原法院裁定駁回之（民事訴訟法第四百三十六條之四）。此即所謂上訴理由書提出強制主義之規定。須注意者，此條規定與通常事件之第三審上訴，可於二十日內補提上訴理由之情形不同（民事訴訟法第四百七十一條）。爲裁判之原法院，對上訴人提出之上訴理由有審查權，此點亦與通常事件之第三審上訴不同。須審核「是否以適用法規顯有錯誤爲理由」及「具有原則上重要性」二個要件（注二六）。上訴人雖未於上訴時同時表明上訴理由，但於原法院裁定駁回前補正者，原法院自不得再以未備上訴理由爲由，認上訴不合法而裁定駁回上訴（注二七）。原法院審查結果，如認上訴人之上訴爲合法者，應添具意見書，敍明上訴合於第四百三十六條之三第二項規定之理由，逕將卷宗送最高法院。

〔肆〕 結論

民事訴訟法關於簡易訴訟程序部分，本次修正有重大變革，尤其第二審上訴程序之改變甚大，訴訟之實際運作是否果能達成原來修正之目的，運作上有無缺失，仍有待時間及事實之考驗，上述之討論，僅在提出個人稍許粗淺看法，不知能有助於新制之推行於一二否？

注二六　司法院頒注意事項十九第一項，法律問題第二十五則。

注二七　最高法院訂注意事項九。

※本文原刊於「法令月刊」第四十二卷第一期

民事訴訟法修正草案初稿關於上訴審、抗告及再審程序之析述

要　目

乙、增訂關於提起再審之訴之限制

丙、再審事件管轄之修正

丁、修正提起再審之訴之期間

戊、修正提起再審之訴之程式

己、再審原告得於提起再審之訴之同時，聲明如再審之訴爲有理
　　由時，再審被告應返還依原確定判決所爲給付或所受損害

庚、關於再審判決效力之修正

辛、關於支付命令之再審

〔伍〕結論

甲、關於上訴程序之修正部分

乙、關於抗告程序之修正部分

丙、關於再審程序之修正部分

民事訴訟法修正草案初稿關於上訴審、抗告及再審程序之析述

〔壹〕前言

司法院於民國七十二年組成民事訴訟法研究修正委員會，就民事訴訟法作全面性通盤檢討修正增訂，先後開會四百三十二次，於八十一年十月完成修正草案初稿。其中關於上訴審程序部分：第二審原有條文二十七條（第四百三十七條至第四百六十三條）（注一）中，經修正者有十六條，增訂者二條；第三審原有條文十八條（第四百六十四條至第四百八十一條）中，經修正者有九條，增訂者九條。關於抗告程序部分：原有條文十四條（第四百八十二條至第四百九十五條）中，修正九條，增訂一條，刪除二條。關於再審程序部分：原有條文十二條（第四百九十六條至第五百零七條）中，經修正六條（注二），增訂二條。本文擬就上述三部分之修正為析述。

〔貳〕關於上訴審程序部分之修正

上訴審程序，分為第二審上訴程序與第三審上訴程序二部分，分別

注一　本文所引條文皆指現行民事訴訟法之條文及號次。民事訴訟法修正草案初稿條文則注明初稿第××條。

注二　其中第四百九十七條之修正係草案初稿公布後，民事訴訟法研究修正委員會於第四四七次及第四四八次會議討論後所修正。

析述如下：

甲、第二審上訴程序部分

其重要修正內容爲：

㈠擴大第一審法院對於第二審上訴事件形式上要件審查權之範圍

第四百四十二條賦予第一審法院對第二審上訴事件之形式上審查權，限於提起上訴逾上訴期間、對不得提起上訴之事件提起上訴、應繳裁判費而未繳、當事人訴訟能力或代理權有欠缺經限期命爲補正而不補正之情形。初稿將其範圍擴大爲「上訴不合程式或有其他不合法之情形，經限期命補正而不補正時」，亦應由第一審法院以裁定駁回其上訴（初稿第四百四十二條第二項參照）。使第一審法院對於第二審上訴是否合法及合於程式具有審查權（注三）。關於第二審上訴之程式，依第四百四十一條第一項第三款規定，上訴狀應表明「對第一審判決不服之程度，及應如何廢棄或變更之聲明」。在實務上當事人對於「應如何廢棄或變更原判決」不會聲明者，縱令命其補正，恐亦難達補正之目的，故適用上宜採較寬之認定，例如僅表明不服者，應視爲全部不服，其僅有不服之意旨而未表明如何廢棄或變更者，如依其不服之本旨及在第一審所爲應受判決事項之聲明，已可認其上訴之聲明爲如何，即不得謂其上訴程式有欠缺（注四）。本條項之修正，一方面促使上訴人早日補正不合法或不合程式之缺失，以利訴訟之進行，他方面亦有促使訴訟及早確定，減輕訟累之效。因當事人已無法藉由顯不合法之上訴拖延訴訟，故初稿同時刪除

注三　日本法務省民事局參事官室，「民事訴訟法に關する檢討事項」ジュリスト，九九六期，一九九二年三月，第六一頁（以下簡稱檢討事項），第十三—2㈠亦有相同修正之討論。日本辯護士連合會對該檢討事項之意見書（以下稱意見書）第二〇九頁贊同修正，但建議應於判決書附上訴狀之格式等教導當事人提起上訴之方法。此項意見亦值吾人參考。

注四　參照王甲乙、楊建華、鄭健才合著，「民事訴訟法新論」，民國七十六年版，第五二九頁。

原條文第三項關於以裁定就原判決宣告假執行之規定。

㈡對於第二審仍採續審主義但作適當之限制

　　現行法對於第二審訴訟程序採續審主義（第四百四十七條、第四百四十八條），而訴訟資料之提出原則上又採自由順序主義（第一百九十六條第一項），當事人在第二審言詞辯論終結前，均得提出新攻擊或防禦方法。故實務上當事人常延滯攻擊或防禦方法之提出，導致審理之重心移至第二審，忽視第一審之功能。因此初稿對之加以限制，即當事人因故意或重大過失對於在第一審得提出而未提出之新攻擊或防禦方法，第二審法院得駁回之（初稿第四百四十七條第一項但書）。但如駁回其攻擊或防禦方法，依其情形會造成顯失公平之結果時，爲追求實體正義之實現，仍不得駁回之（初稿同條第二項）。又因第一項之修正，故同條第二項關於當事人在第二審得追復之行爲，亦限於「他造提出之事實或證據所未爲之陳述」（初稿同條第三項）。本條之修正，兼顧程序正義與實體正義之實現，值得讚許（注五）。

㈢第二審法院廢棄第一審判決發回更審規定之修正

　　第二審法院以第一審之訴訟程序有重大瑕疵，並認因維持審級制度之必要，固得廢棄原判決，而將該事件發回原法院（第四百五十一條第一項，初稿亦同）。惟兩造合意願由第二審法院就該事件爲裁判者，應自爲判決（同條第二項）。此項規定在實務上，因法院未令當事人有陳述意見之機會，當事人常無所知悉，無從表示其意願，且第二審法院亦不得因當事人之合意而取得管轄權，原條項之規定難謂無疑義。故初稿將之修正爲「前項情形，應予當事人陳述意見之機會，如兩造同意願由第二

注五　日本「檢討事項」第十三—2㈣亦有相同之討論，惟「意見書」則採反對態度。其理由不外謂當事人於第一審有時係本人訴訟，或於第二審更換律師訴訟，或第一審係一造辯論判決時，此種限制恐生不適切之結果。且個案情形不同，有時因時間之經過有提出新攻擊或防禦方法之必要（第二二一頁）。惟初稿對此已有第二項規定之補救，似尚無礙。

審法院就該事件爲裁判者，應自爲判決」。一方面尊重當事人之意思，一方面亦可避免裁判之突襲。又七十九年八月二十日修正民事訴訟法擴大簡易訴訟程序之適用範圍，並變更簡易事件法院事務管轄及審級管轄之規定，故第一審法院將通常訴訟事件誤依簡易程序判決者，其訴訟程序自屬有重大瑕疵。於此情形，亦仿初稿第四百五十一條第二項規定，賦予當事人陳述意見之機會，如兩造同意由該第二審法院就該事件爲判決者，視爲已有第四百二十七條第三項適用簡易程序之合意（注六），由該第二審法院自爲判決(初稿第四百五十一條之一)。至應適用簡易訴訟程序之事件，第一審法院依通常訴訟程序予以判決者，第二審法院不得以此爲理由，廢棄原判決（注七）（初稿第四百五十一條之二）。

㈣關於第二審法院假執行裁判之修正

初稿對此有三處修正：

1.刪除第四百四十二條第三項以裁定就原判決宣告假執行之規定（其理由詳〔貳〕，甲，㈠之析述）。

2.爲加強對勝訴原告權利之早日實現，對於第一審判決未宣告假執行或宣告附條件之假執行者，其未聲明不服之部分，第二審法院應依當事人之聲請，以裁定宣告假執行(初稿第四百五十六條第一項)。將原規定「在言詞辯論時」之時點提前至被告聲明上訴後，「未就聲明不服之部分」擴張聲明不服之前，俾免被告藉一部不服之上訴，阻卻全部判決之確定，拖延強制執行。

3.第四百五十八條原規定：「對第二審法院關於假執行之裁判，不得聲明不服」。草案初稿對本條加但書規定：「但依第三百九十五條第二項及第三項所爲之裁判，不在此限。」初稿但書之規定，個人認爲殊無必要，且徒增困擾。蓋第三百九十五條第二項（或第三項）規定所爲之「聲明」，

注六　此爲法律之擬制，以補正第一審訴訟程序之瑕疵（參照修正理由二）。

注七　對於此第二審法院之判決可否提起第三審上訴？因第四百六十六條第四項規定，初稿業已修正，應視個別情形決定（詳後述〔乙〕，㈠)。

其性質如何，拙見認係一種類似之反訴(注八)，實務上亦認此項聲明「旨在確定其私權存在，取得給付之確定判決，與同法第五百二十九條第一項規定之『起訴』實質上意義相同」(注九)。初稿將此聲明之裁判列為同項但書規定，將使人發生「依第三百九十五條第二項（或第三項）所為聲明之判決，亦屬關於假執行之裁判」，是否妥適，不無再加斟酌之必要。

伍關於第二審判決書記載之簡化

第四百五十四條規定：「判決書內應記載之事實，以當事人未提出新攻擊或防禦方法為限，得引用第一審判決」。準此，第二審判決書關於事實之記載限於「事實」，且以當事人未提出新攻擊防禦方法為限，始得引用第一審判決。惟實務上，當事人於第二審提出新攻擊防禦方法時，第二審判決書之事實，常將當事人事實之陳述，就與第一審相同之部分予以引用，並補記第二審所提出之新攻擊或防禦方法。就理由欄中關於法律上意見與第一審相同部分，則不得引用。因之，第二審判決，就相同之法律上之見解，仍須重為記載一次，增加裁判製作之勞費，初稿乃仿德國民事訴訟法第五百四十三條及日本民事訴訟法第三百九十一條法例修正為「判決書內應記載之事實，得引用第一審判決」(初稿第四百五十四條第一項)，「判決書內應記載之理由，如第二審關於攻擊或防禦方法之意見及法律上之意見與第一審判決相同者，亦得引用之」(初稿同條第二項)。基本上，個人贊同此一修正，但修正之結果，第三人閱讀第二審判決時，將發生因內容過於簡略而無從了解第二審判決之理由之情形，因此建議，於此情形，應將第一審判決書貼附於第二審判決書，便人能

注八　拙著，「程序法研究㈠」，民國七十五年三月版，第五一頁以下。民事訴訟研究會第十二次研討會就此問題個人曾提出報告並經研究，學者對此「聲明」之性質如何雖有不同意見，但法院對此所為之裁判，似未有認其為假執行之裁判之意見（參照「民事訴訟之研討㈠」，第四一五頁以下之討論）。

注九　參照最高法院七十八年三月二十一日民事庭會議決議。

夠了解第二審判決之理由（注一〇）。

㈥關於附帶上訴提出時間限制之修正

第四百六十條第一項規定：「被上訴人於言詞辯論終結前，得爲附帶上訴。」最高法院五十年臺上字第四九七號判例，據此謂「關於附帶上訴，民事訴訟法第四百五十七條第一項僅規定爲被上訴人於言詞辯論終結前得爲提起，而於發回更審後並無不得提起之限制，且附帶上訴之立法意旨，係因事件之一部分方在上訴中，他部分與之不無牽涉，從而亦准被上訴人聲明不服，使得爲整個之解決，故應認爲在更審程序中，亦得提起」。日本學說上亦持與最高法院相同之見解（注一一）。蓋在戰後日本學界與實務上對於附帶上訴之性質，已不採向來的「上訴說」，而認附帶上訴係在對附隨於上訴制度之「不利益變更禁止」原則（Das Verbot der reformation in peius）之排除。換言之，將原來因上訴而確定之第二審審判範圍予以擴大，爲自己（被上訴人即附帶上訴人）有利判決之攻擊性聲明（注一二）。修正初稿之修正理由謂「依原文第一項規定，第二審判決經第三審發回或發交後，被上訴人就原第一審判決未聲明不服之部分，仍得於言詞辯論終結前爲附帶上訴，致有訴訟之一部於經第二審法院判決後，因未上訴於第三審而告確定，然就原第一審未聲明不服部分之判決，於第二審判決經第三審法院發回或發交後，仍得爲附帶上訴，致有未向第二審上訴部分之訴訟關係久懸不決之不合理現象，爰增設但書規定：『但經第三審法院發回或發交後，不得爲之』之限制」。對於附帶上訴，似採戰前日本之上訴說。就現行法（初稿亦同）不採第三審亦得附帶上訴之制度言，此項修正固有相當之理由。惟附帶上訴制度之性質應

注一〇　日本辯護士連合會意見：認判決書理由不宜引用第一審判決書理由之一部或全部，而應作全部之記載（見「意見書」，第二〇九頁）。

注一一　參照菊井維大、村松俊夫著，「民事訴訟法(二)」，昭和五十一年版，日本評論社，第五五六頁。

注一二　參照齋藤秀夫編著，「注解民事訴訟法(6)」，第一法規，昭和五十五年版，第一二七頁以下。

如何定位，則有待於進一步之探討。

㈦明確規定第二審上訴有理由應爲之判決

　　第四百五十條規定：「第二審法院認上訴爲有理由者，應於上訴聲明之範圍內，爲變更原判決之判決。」所謂「變更原判決」在實務上旣指廢棄原判決而自爲判決(注一三)。爲期明確及配合實務，仿日本民事訴訟法第三百八十五條、德國民事訴訟法第五百三十六條立法例，修正爲「第二審法院認上訴爲有理由者，就該部分應廢棄原判決」(初稿第四百五十條第一項)，「經廢棄原判決者，應於上訴聲明之範圍內變更之」(初稿同條第二項)。惟於第四百五十一條第一項、第四百五十一條之一第一項、第四百五十二條第二項之情形，實務上亦認係上訴有理由。但於將原判決廢棄後，其發回原法院或將事件移送於管轄法院，並不受上訴聲明之限制，即非於上訴聲明範圍內變更原判決，有無於第二項加「除另有規定外」之除外規定，值得研究。

㈧其他部分之修正

　　初稿除上述要點修正外，尙有第四百三十九條、第四百四十條、第四百四十三條至第四百四十六條、第四百五十三條、第四百五十九條等條文之修正。惟其內容大都爲配合相關條文或作文字之修正，尙無重大變革（注一四），故不另一一析述。

乙、第三審上訴程序部分

　　其重要修正內容爲：

㈠增設特許上訴制度

　　我國法院組織法關於審級制度，原則上係採三級三審制。但民事訴

注一三　參照司法院二十八年院字第一九三二號解釋、最高法院二十九年上字第九三六號判例。

注一四　初稿第四百四十五條將原條文中所定「庭員或」三字刪除，係認無令庭員朗讀之必要，或可認係變革之一。

訟法對於民事事件之提起第三審上訴，則設有二個限制，一為對於簡易訴訟事件（在民國七十九年修正前）規定不得上訴第三審，修正後改採許可上訴制，於第四百三十六條之二規定：「對於第四百二十七條第二項簡易訴訟程序之第二審判決，其上訴利益逾第四百六十六條所定之數額者，當事人僅得以其適用法規顯有錯誤爲理由，逕向最高法院提起上訴或抗告。」惟其提起上訴或抗告，須經原法院之許可（第四百三十六條之三第一項）。「前項許可，以訴訟事件所涉及之法律見解，具有原則上之重要性者爲限」（同條第二項）（注一五）。另一則爲上訴利益額之限制，即對於財產權上訴訟之第二審判決，其上訴所得受之利益不逾十萬元（新臺幣三十萬元）者，不得上訴（第四百六十六條第一項）。七十九年修正簡易訴訟程序時，爲顧慮法律見解之統一，維護當事人利益，而設許可上訴制，則在以上訴利益額限制第三審之上訴事件，亦宜作相同之考慮。故初稿第四百六十六條第一項但書規定：「但依通常訴訟程序所爲之判決，適用法規顯有錯誤，或涉及之法律見解具有原則上之重要性，經第三審法院特許者，不在此限」。特許上訴係對於上訴利益額未達提起第三審上訴所需數額之事件，就原應確定之事件，予以特別救濟之程序。

其聲請無阻止原判決確定之效力。關於特許上訴設有下列特別規定：

1.聲請之時期：特許上訴之聲請，應於第二審判決送達後二十日之不變期間內爲之（初稿第四百六十六條之一第一項），與上訴期間相同。

2.聲請之程式：應以書狀爲之，並表明：

⑴上訴意旨。蓋聲請特許上訴係提起上訴與聲請特許同時爲之。故應表明上訴意旨，即對原判決上訴之陳述，與對該判決不服之程度及應如何廢棄或變更之聲明。

⑵原判決有適用法規顯有錯誤，或所涉及之法律見解具有原則上重要性之具體情形。

注一五　此項修正與德國之許可上訴制亦有不同（參照拙著，「研究㈠」，第六六頁及第八八頁）。

(3)收受原判決之年、月、日，以便於審查特許上訴之聲請，有無遵守不變期間。因特許上訴係逕向第三審法院爲之，與一般上訴係向原爲判決之法院提出上訴狀不同，第三審法院於受理時，尙無下級法院之訴訟卷宗可資查閱。

(4)應添具第二審判決繕本或影本，以利審查（初稿第四百六十六條之一第二項）。

3.受理聲請之法院爲第三審法院（初稿同條第二項）。

4.聲請之效果：

(1)原判決雖經當事人聲請特許上訴，在未經第三審法院廢棄原判決前，並不影響原判決之確定（初稿第四百六十六條第四項）。

(2)第三審法院得在判決前，停止原判決之執行，或爲其他必要處分（初稿第四百六十六條之一第四項），俾當事人或利害關係人不致因原判決之執行，遭遇難以回復之損害。

5.對於聲請事件之裁判：第三審法院對於特許上訴之聲請，認爲不應特許者，應以裁定駁回之；認爲應行特許者，應爲特許上訴之裁定（初稿同條第三項）。經裁定特許上訴後，原訴訟回復判決確定前之狀態，依一般得上訴第三審之程序進行。

6.經特許上訴後，判決確定之效力：

(1)特許上訴與再審之訴同具除去原確定判決效力之作用，爲保障第三人基於原確定判決（初稿第四百六十六條第四項）善意取得之權利。故初稿第四百六十六條之二規定：「第五百零六條之規定，於特許上訴準用之。」

(2)對於第二審判決，經特許上訴，認無理由判決駁回者，不得更以同一理由提起再審之訴（初稿第四百六十六條之三）。蓋特許上訴，原即以原判決適用法規顯有錯誤，或所涉及之法律見解具有原則上之重要性爲理由，則其經最高法院認爲無理由而駁回，自無許其再以第四百九十六條第一項第一款適用法規顯有錯誤爲理由，提起再審之訴。

㈡增設飛躍上訴或越級上訴（Sprungsrevision）制度

依現行規定，提起第三審上訴，限於對不服第二審之終局判決始得爲之。惟如當事人兩造對於第一審終局判決所確定之事實均認無誤，僅就其適用法規有爭執，基於第三審係法律審，而兩造又合意由最高法院爲法律上之判斷時，則第二審之經歷，即徒勞無益，故初稿仿德國民事訴訟法第五百六十六條之一，日本民事訴訟法第三百九十三條第二項之立法例(注一六)，於初稿第四百六十六條之四規定：「當事人對於第一審法院依通常訴訟程序所爲之終局判決，就其確定之事實認爲無誤者，得合意逕向第三審法院上訴」（第一項），「前項合意，應以文書證之；並添附於上訴狀向第一審法院爲之」（第二項）。可知提起飛躍上訴須具備下列特別要件：

1.須兩造對於第一審法院依通常訴訟程序所爲之終局判決，就其確定之事實認爲無誤：第一審法院依通常訴訟程序所爲判決，除通常訴訟事件外(注一七)，簡易訴訟事件如改用通常訴訟程序（第四百二十七條第三項）而爲判決，亦屬此所謂依通常訴訟程序而爲判決。此終局判決確定之事實，尙須兩造均認無誤。故當事人不得執第一審法院認定事實之過程違法（例如適用證據法則或自由心證違法）作爲第三審上訴理由，否則即爲對確定之事實有爭執。因之，第三審法院對於第三審上訴，亦不得以第一審判決確定事實違背法令爲理由廢棄該判決（初稿第四百七十七條之二）。

2.須兩造合意逕向第三審提起上訴：此係對合意管轄之特別規定，此項合意應以文書證之，並添附於上訴狀。

3.上訴之提出，應向原爲判決之第一審法院爲之。

注一六　關於飛躍上訴之立法例，請參照拙著，「研究㈠」，第六一頁以及第九八頁以下二篇論文。

注一七　如兩造合意適用簡易程序（第四百二十七條第二項）所爲判決，仍非依通常訴訟程序所爲判決。

此外，飛躍上訴亦屬第三審上訴，故一般第三審上訴所須具備之要件及第三審提起之限制，於此亦有其適用，自不待言。

㈢採律師強制代理制度

初稿對於訴訟代理雖修正為律師代理主義（初稿第六十八條第一項），但不採律師強制代理制度。故當事人於訴訟，可能自行進行或經審判長許可，委任非律師為訴訟代理人(初稿第六十八條)。惟第三審係法律審，上訴理由必須具體指摘第二審判決有如何違背法令之情形（注一八），此種第三審上訴理由之表明，往往非一般人所能勝任，為保護當事人之權益，初稿於第三審上訴採律師強制代理制度。其相關規定如下：

1.第三審上訴之訴訟代理人

⑴上訴人應委任經第三審法院認許之律師為訴訟代理人。故非一般律師均得為第三審訴訟代理人，其認許辦法由最高法院定之（初稿第四百六十六條之七第三項）。從而將來律師可能變為二級制，如此對於律師素質之提高，或能有所助益，對於當事人之權益亦將更有保障，似值肯定。惟上訴人或其法定代理人具有律師資格(不以執業律師為必要)，或上訴人之配偶、三親等內之血親、二親等內之姻親，或上訴人為法人、中央或地方機關時，其所屬專任人員具有律師資格並經法院認為適當者，亦得為訴訟代理人(注一九)（初稿第四百六十六條之五第一項但書、第二項）。此時，上訴人應於提起上訴或委任時，釋明其事由(初稿同條第三項)。

⑵未委任適當訴訟代理人之效果：上訴人未依初稿第四百六十六條之五第一項、第二項規定委任訴訟代理人或雖依第二項委任，法院認為

注一八　參照最高法院六十七年臺上字第二八七六號、七十年臺上字第七二〇號、七十一年臺上字第三一四號、七十一年臺上字第四八〇號判例。

注一九　第三審訴訟代理人既限於經最高法院認許之律師，則僅具律師資格之當事人或法定代理人若未經最高法院認許(或認為適當)，即准自行訴訟，似與原定須經認許之律師始得代理之旨難謂無悖。況第三審律師之酬金已作為訴訟費用之一部（初稿第四百六十六條之七第一項），似亦無放寬之必要。

不適當者，第二審法院應定期限命補正，逾期未補正，亦未依初稿第四百六十六條之六規定聲請第三審法院爲之選任訴訟代理人時，第二審法院應以上訴不合法裁定駁回之（第四百六十六條之五第四項）。是委任適當訴訟代理人亦爲第三審上訴合法要件之一。上訴人無資力委任訴訟代理人者，依上述規定，將無從享受三審審級利益，有害當事人權利之維護，故初稿第四百六十六條之六規定，上訴人得依訴訟救助之規定，聲請第三審法院爲之選任經認許之律師爲其訴訟代理人（第一項）以資補救。此時，第二審法院即不得以其未委任訴訟代理人爲由，認其第三審之上訴爲不合法，裁定駁回上訴，而應將訴訟卷宗送交第三審法院處理（第二項）。

⑶第三審律師之酬金，作爲訴訟費用之一部：第三審上訴改採律師強制代理主義，委任律師所支付之酬金，應屬因訴訟所生必要費用。故初稿規定，該酬金作爲訴訟費用之一部，依判決之結果，由應負擔訴訟費用之當事人負擔。惟律師之酬金因個案及所委任之律師不同而有差異，爲防止約定之酬金過高，故作爲訴訟費用之酬金，應限定其最高限額（初稿第四百六十六條之七第一項）。其支給標準由司法院定之（初稿第七十七條之二十四）。作爲訴訟費用一部之律師酬金，如原判決因適用法規顯有錯誤而廢棄者，應負擔訴訟費用之當事人，得聲請第三審法院裁定由國庫支付該酬金之全部或一部（初稿第四百六十六條之七第二項）。蓋第三審上訴制度除爲維護當事人權益外，尙兼具統一法律見解之公益目的，如原判決因適用法規顯有錯誤而廢棄者，係可歸責於法院之事由者，自不應責由當事人全部負擔。故規定得由當事人聲請，由第三審法院斟酌情形，由國庫支付全部或一部酬金。

第三審之審理，草案初稿原則上改採必要的言詞辯論主義，且行言詞辯論時，應由兩造訴訟代理人爲之（初稿第四百七十四條第二項）。爲使兩造武器平等，被上訴人亦應選任第三審認許之律師爲訴訟代理人，故初稿第四百七十四條第三項規定：「第四百六十六條之五第一項至第三

項、第四百六十六條之六第一項規定，於被上訴人準用之。」

㈣關於第三審上訴之限制之修正

本法第四百六十六條對於第三審之上訴所得受之利益額定為須逾新臺幣三十萬元，此項數額司法院因情勢需要，以命令減為五萬元或增至十五萬元(第一項、第二項)。對於第四百二十七條第二項之訴訟所為之第二審判決，不得上訴(第四項)。初稿對於上訴利益額之限制，增設許可上訴制，對於第四百二十七條第二項所定簡易事件之上訴，亦增設其上訴利益額逾十萬元者亦得上訴之規定。此二項之增設，擴大當事人得提起第三審上訴之範圍，對於當事人權益之保障，益為週全，值得讚許。

㈤第三審法院對事件之審理，原則上改採必要的言詞辯論主義

第四百七十四條規定：「第三審之判決，不經言詞辯論為之。但法院認為必要時，不在此限。」係採任意的言詞辯論主義。惟當事人就所爭執之權利義務受審判時，有在法庭上公開辯論之權利，為近代法治國公認之人民基本權利，故初稿改為第三審原則上亦應行言詞辯論。例外於下列四種情形得不經言詞辯論：

1.兩造合意不經言詞辯論者。

2.上訴人未於提起上訴後二十日內，被上訴人亦未於提出答辯狀時，聲請為言詞辯論。

3.依上訴意旨足認上訴為無理由者。

4.所涉及之法律上爭議，不具重要性者。

以上四種情形，或為當事人明示或默示不請求言詞辯論，或係於事件之結果無影響，行言詞辯論徒增勞費。故由第三審法院斟酌情形，得不經言詞辯論而為判決。又第三審係法律審，僅能就法律問題為辯論(注二〇)，須由有法學素養及實務經驗者為之，始能適當進行。故初稿同條第二項規定，第三審行言詞辯論時，應由兩造訴訟代理人為之。關於上

注二〇　關於法律問題與事實問題界線之討論，請參照拙著，「研究㈠」，第九六頁以下。

訴人之訴訟代理人資格、選任等，初稿第四百六十六條之五、之六均設有規定，故初稿第四百七十四條第三項設準用之規定。被上訴人如不依同條第三項規定委任或聲請選任訴訟代理人時，為免訴訟延滯，影響事件之終結，初稿規定此時法院得依職權命由上訴人一造辯論而為判決(初稿第四百七十四條第四項)。初稿將第三審由書面審理主義改為言詞辯論主義，實為一大進步。

㈥上訴理由應如何表明之規定

第三審係法律審。故第三審上訴，採上訴理由書提出強制主義。惟上訴理由應如何記載，現行法並無規定。日本將其規定於最高法院頒布之民事訴訟規則，德國則於民事訴訟法中詳予規定(注二一)。我國最高法院二十八年聲字第二二五號判例，稍加補充，謂「必對於第二審判決之違背法令有具體之指摘而後可」。惟何謂具體指摘仍未見有相關判例可循(注二二)。嗣司法院於七十年十二月二十三日核頒「最高法院就第三審有關認定違背法令之界線與自為判決應行注意事項」中，始參考德、日有關規定，對上訴理由應如何記載始得認為合法，作相關規定(注二三)。但此規定，仍嫌缺乏有力之法律依據。故初稿仿德國法例，於初稿第四百七十條第二項規定：「上訴狀內應記載上訴理由，表明左列各款事項，並添具其必要之證據」：

1.原判決所違背之法令及其具體內容：例如揭示所違背法令及其條項，或有關判例、解釋字號、或成文法以外之習慣或法理等及其具體內容（注二四）。

2.依訴訟資料合於該違背法令之具體事實：即表明係依若何之訴訟

注二一　拙著，「研究㈠」，第八一頁以下有詳細介紹，請參照。

注二二　此係指民國七十年以前，其後最高法院執行「最高法院就第三審有關認定違背法令之界線與自為判決應行注意事項」後，始著有六十七年臺上字第二八七六號、七十年臺上字第七二〇號判例，惟其內容仍非具體。

注二三　參照拙著，「研究㈠」，第一〇二頁以下。

注二四　參照初稿同條說明二。

資料，合於該違背法令之具體事實（注二五）。

　　又現行法採上訴理由書提出強制主義，上訴狀內如未表明上訴理由者，上訴人應於提起上訴後二十日內，提出理由書於原第二審法院，未提出者，無庸命其補正，由原第二審法院以裁定駁回之（初稿第四百七十一條第一項）。惟依初稿第四百八十一條準用第四百四十條但書規定，於判決宣示或公告送達前提起第三審上訴亦有效力，倘上訴人依此提起第三審上訴，因其尚未收受第二審判決書之送達，自無從獲悉判決內容以表明上訴理由，對上訴人至為不利，最高法院七十五年十月二十八日民事庭會議決議：於此情形，二十日法定期間，自當事人收受第二審判決後起算。初稿因而增設第四項，規定於此情形，提出上訴理由書之二十日期間，自判決送達後起算，以符實際。

㈦減少第三審法院將訴訟事件之發回

　　要點為：

　　1.第三審法院應以第二審判決確定之事實為判決基礎。除當事人以違背訴訟程序之規定為上訴理由時，所舉違背之事實及以違背法令確定事實、遺漏事實或認作主張事實外，縱令當事人於事實審言詞辯論時所為之陳述載明於筆錄，倘未經判決認定，第三審因不得斟酌（第四百七十六條），亦祇得將事件發回第二審法院。就訴訟經濟之目的，裁判之公平及言詞辯論之目的言，均有違背。故初稿仿德國民事訴訟法第五百六十一條第一項規定，增設第二項規定：「言詞辯論記載當事人陳述之事實，第三審法院得斟酌之」（注二六）。初稿第四百七十九條第二款亦配

注二五　同注二四。

注二六　此所定第三審得斟酌之事實，除須為事實審言詞辯論筆錄記載之當事人陳述之事實外，須該陳述之事實為對造所不爭或自認之事實。如當事人陳述之事實為對造所爭執，既須由第二審法院加以判斷，第三審法院殊無自為判斷之餘地，否則第三審將淪為事實審。又初稿已將第三審之審理改為言詞辯論主義，初稿第二頁之言詞辯論筆錄應不包括第三審。似宜再修正訂明以免爭議。

合修正，規定如依得斟酌之事實，而事件已可依該事實爲裁判者，第三審法院應自爲裁判。

2.初稿第四百七十七條之二：第三審法院就第四百六十六條之四規定之上訴，不得以原判決確定事實違背法令爲理由廢棄原判決。本條析述，請參照本文〔貳〕，二，㈡之說明。

㈧其他部分之修正

初稿除上述要點修正外，尚有第四百六十九條、第四百七十五條、第四百七十八條及第四百七十九條之修正。惟其內容大都爲配合相關條文或作文字之修正，不另一一析述。

〔參〕關於抗告程序部分之修正

關於抗告程序部分之修正重點如下：

甲、加強對當事人以外第三人抗告權之保障

第四百八十四條規定：「不得上訴於第三審法院之事件，其第二審法院所爲之裁定，不得抗告。」惟法院所爲之裁定，受裁定者不限於當事人，例如依第三百零三條第一、二項、第三百十條第一項、第三百十一條第一項、第三百二十四條、第二百零七條第三項、第三百四十九條第一項、第三百六十七條等對證人、鑑定人、通譯或執有文書、勘驗物之第三人處以罰鍰之裁定，駁回拒絕證言、拒絕鑑定、拒絕通譯之裁定，均係對訴訟當事人以外之第三人而爲，與本案訴訟之利益等並無必然關聯，且關係第三人之利益至鉅，自不宜因本案訴訟事件不得上訴第三審，而不許其抗告。故初稿特設規定予以排除，自屬合理且必要。惟依第八十九條第一項規定，法院有時得依聲請或依職權，以裁定命因故意或重大過失致生無益訴訟費用之法院書記官、執達員、法定代理人或訴訟代理人負擔該訴訟費用，同條第二項並有關於命暫爲訴訟行爲之人，負擔因其

訴訟行爲所生費用之規定。同條第三項固規定：「前二項裁定得爲抗告」。但如裁定係由第二審法院所爲者，有無初稿第四百八十四條前段規定之限制。如應受限制，此部分應否應如證人、鑑定人般以但書規定予以排除，值得推敲。

乙、對於不得上訴第三審事件，第二審法院受命法官或受託法官，及第三審受命法官或受託法官所爲裁定，增訂得向受訴法院提出異議之規定

受命法官或受託法官並非爲審判之（狹義）法院，其所爲裁定自非法院之裁定，不得直接向受訴法院之上級法院提起抗告。只能向受訴法院提出異議，且限於其裁定如係由受訴法院所爲而依法得爲抗告者，始得異議(第四百八十五條第一項)。惟依此規定繫屬於第三審法院或不得上訴第三審法院之事件，則將因審級關係，對受命法官、受託法官之裁定，無從提出異議，故初稿增設第四項規定，就此等裁定仍得向受訴法院提出異議(注二七)。學者對於得異議之裁定，限於其裁定如係受訴法院所爲而依法「得爲抗告者」之理由，大都謂「因不得抗告之裁定，無許提出異議之必要」(注二八)。惟從比較法制觀之，德國民事訴訟法第五百七十六條第一款並未設有相似之限制，日本民事訴訟法第四百十二條與我國同，有此限制。惟學者謂從立法論言，無此限制規定之必要(注二九)。按受命法官或受託法官所爲裁定，與受訴法院所爲裁定不同，縱係就同一行爲所爲之判斷，受命法官或受託法官個人之判斷與合議法院之

注二七　參照初稿說明四。現行法對此未設規定，學者意見不一。有採肯定見解者
　　　　（參照石志泉著，楊建華增訂，「民事訴訟法釋義」，民國七十一年版，三
　　　　民書局，第五五四頁。王甲乙等著，前揭書，第五八六頁）。亦有採反對見
　　　　解者（參照姚瑞光著，「民事訴訟法論」，民國八十年版，第五四六頁）。
注二八　參照石著，前揭書，第五五四頁。姚著，前揭書第五三一頁。
注二九　兼子一、松浦馨、新堂幸司、竹下守夫著，「條解民事訴訟法」，昭和六十
　　　　一年版，弘文堂，第一二四六頁。

判斷亦未必當然相同，如因合議法院所爲裁定不得抗告，即不得對受命法官或受託法官之裁定異議，則可能以一員否定合議體，殊無限制之正當理由。初稿僅及於第三審及不得上訴於第三審之第二審事件，雖有進步，仍有不足之憾（注三〇）。

丙、再抗告規定之修正

第四百八十六條再抗告之規定有二處重要修正：

1.因簡易訴訟程序之修正，抗告有時得越級由最高法院裁定（第四百三十六條之二第一項），或由同級（地方法院）合議庭裁定（第四百三十六條之一第一項），而非由直接上級法院裁定之情形。爲配合此，初稿第一項加「除別有規定外」予以排除。

2.對於再抗告提起之限制，現行法得提起抗告者有二，即(1)以抗告爲不合法而駁回之；或(2)以抗告爲有理由而廢棄或變更原裁定之裁定。惟提起再抗告係對抗告法院之裁定不服向第三審法院提起抗告，如對第一、二審業經確定之裁定事實，亦許再爲抗告，則不免有礙訴訟程序，徒增法院及當事人之勞費。故初稿將之修正爲，須以違背法令爲理由，始得再抗告。至抗告裁定係以抗告不合法或有無理由爲理由，則屬不拘。

丁、抗告期間之一律化

現行法將提起抗告之不變期間分爲二種，一般之抗告期間爲十日（第四百八十七條第一項），法律特別規定抗告期間爲五日，亦即學說上所謂即時抗告。研究修正時，以抗告期間作不同規定，書記官製作裁定正

注三〇　按受命法官於準備程序闡明訴訟關係或調查證據有一定之限制（初稿第二百七十條及同條之一），而其權限初稿第二百七十二條亦有規定，受託法官之職權，初稿第二百九十條亦有規定。由此等規定觀之，受命法官或受託法官所爲裁定，屬訴訟進行中之裁定，依本法不得抗告，而所得抗告者，大都屬關於調查證據時所爲之裁定，例如對證人之處罰。是本條第一項規定，從立法論言，實有重新檢討之必要。

本時，時有誤載抗告期間情事，損及當事人權益，影響司法威信，且抗告期間五日與十日之差異，相距五日影響於事件之速結甚微，故予一律化，避免錯誤之發生。從訴訟實務上言，此種修正固無可厚非，惟裁定之內容性質差異甚大，且抗告原則上並不停止執行（第四百九十一條），由理論上言，自應依其輕重緩急決定其提起抗告之期間，俾其關係早日確定。是本條之修正是否有其必要？尚值研究。

戊、再抗告對新事實及新證據提出之限制

依現行法規定，抗告得提出新事實及證據（第四百八十九條）。故抗告人向最高法院提起抗告或再抗告時，仍得提出新事實及新證據，不生法律審問題。惟初稿第四百八十六條第二項對於再抗告之提起，以原裁定違背法令為限，自不得提出新事實及新證據，故初稿第四百八十九條修正設例外規定(注三一)。但初稿第四百八十六條第二項之規定，係關於再抗告理由規定之限制，並非限制提出事實或證據之規定，則初稿第四百八十九條所定「除別有規定」是否能夠即指初稿第四百八十六條第二項規定非無疑問？且再抗告人指摘原裁定違背法令時，所舉事實是否亦在禁止之列，亦有推敲之餘地。

己、增訂抗告停止原裁定執行之規定

抗告原則上無停止執行之效力。依第四百九十一條第二項規定：「原法院或審判長得在抗告法院裁定前，停止原裁定之執行。」此項規定與同條第三項規定相較，抗告法院在裁定前除有停止原裁定執行之權外，尚得為「其他必要處分」之行為。此「其他必要處分」行為之權為原法院或審判長所無，但事實上有時原法院或審判長亦有此必要，故初稿增訂之，使原法院或審判長亦得為「其他必要之處分」。基此修正，條文文字

注三一　參照初稿說明。

亦一併調整。

庚、增訂抗告程序準用上訴程序之規定

抗告同屬裁判程序。故有關第二審訴訟程序之規定，於性質相通者，自應可準用，如此抗告程序之規定可以精減。故初稿增訂第四百九十五條之一第一項規定：「抗告，除本編別有規定外，準用第三編第一章(即第二審程序)之規定」。從而第四百三十九條(抗告權之捨棄)、第四百四十一條(注三二)(抗告之程式)、第四百四十二條(原法院對不合法抗告之處置)等，於一般抗告程序即可準用。又依初稿第四百三十六條之二第一項之逕向最高法院之抗告，以「適用法規顯有錯誤」為限，及依初稿第四百八十六條第二項之再為抗告，亦僅得以「違背法令」為理由，性質上與法律審相近。故初稿增訂同條第二項規定，此二種抗告準用第三編第二章(即第三審程序)之規定。從而如第四百六十八條(違背法令之意義)、初稿第四百六十九條第一款至第四款(當然違背法令)、初稿第四百七十條第一項、第二項(理由狀之提出及應載事項)等規定，均有準用。惟第三審訴訟程序所採律師強制代理制度，於抗告程序尚無其必要性，故特設但書規定予以排除。

辛、其他部分之修正

初稿除上述要點修正外，尚有第四百八十八條、第四百九十條、第四百九十二條之修正及刪除第四百九十三條及第四百九十四條之規定，其內容或為文字修正，或為配合其他修正規定而修正或刪除，不另一一析述。

注三二　第二審上訴程序，我國採續審主義。言詞辯論主義，故當事人於提起第二審上訴時，第四百四十一條並未規定當事人應於上訴狀記載上訴之理由，此與第三審採上訴理由書提出強制主義不同。惟在抗告程序，原則上採書面審理主義，故委員會第四百四十九次會議決議於第四百八十八條增設。

〔肆〕關於再審程序部分之修正

關於再審程序之修正重點如下:

甲、再審原因之增修

初稿修正二處:

1.第四百九十六條第一項第十一款增列爲判決基礎之行政訴訟判決,其後該確定判決變更時得作爲再審理由。

2.第四百九十七條依研修委員會第四百四十八次會議決議,增列對於不應依一造辯論而爲判決之事件,如不能依上訴方法救濟時,准爲再審。從比較法之立場言,未到場之當事人有第三百八十六條所列各款情事時,法院應以裁定駁回一造辯論之聲請並延展言詞辯論期日,而法院竟准爲一造辯論而予判決,此項判決自屬違法。如未確定固可依上訴程序救濟,但上訴程序須繳上訴費用,上訴爲有理由時即原審訴訟程序有重大瑕疵,且涉及審級利益,除當事人同意由上級法院(在第三審則不可)審判外,上級法院祇能將事件發回原法院更爲審判。換言之,上訴之結果返回原點。費時、費錢、費力,故德國設有異議重新審判之制度(注三三)。我國民事訴訟法草案曾有關於聲明窒礙之規定(注三四)。由便民及訴訟經濟之立場言,德國或民事訴訟律草案所定救濟方式,有值得參考之處。

乙、增訂關於提起再審之訴之限制

初稿對於提起再審之訴,新增二條限制,即:

1.初稿第四百九十六條增設第三項規定:「第二審法院就該事件已爲

注三三　參照德國民事訴訟法第三百三十八條至第三百四十三條之規定。
注三四　參照民事訴訟律草案第四百九十八條至第五百零七條之規定。

本案判決者，對於第一審法院之判決，不得提起再審之訴。」蓋第二審爲第一審之續審，第二審法院就上訴事件爲本案判決時，對於當事人在第一審所爲關於事實上或法律上之陳述及提出之各項攻擊防禦方法，均已重加審查，自無對第一審判決提起再審之訴之必要。故初稿仿日本民事訴訟法第四百二十條第三項規定，增訂此限制（注三五）。

2.增訂初稿第四百九十八條之一，規定再審之訴，法院認無再審理由，判決駁回後，不得以同一事由，更行提起再審之訴。本條係仿刑事訴訟法第四百三十四條之規定而設，用以防止當事人利用再審程序，於法院認爲無再審理由，判決駁回後，仍以同一事實反覆提起再審之訴。惟此一新增規定適用上不無疑問，假定確定判決爲 A 判決，當事人以有 C 事由提起再審之訴，經以無理由而遭駁回之判決爲 B 判決。茲再審原告再同以 C 理由提起再審之訴，如係對 A 判決，似屬違反民事訴訟法第二百四十九條第一項第七款一事不再理問題，且通常亦逾提起再審之訴所應遵守之不變期間。如係對 B 判決提起，除第四百九十六條第一項第一款同指其適用法規顯有錯誤爲由，及同項第九款爲判決基礎之證物，係僞造者或變造者外，似難據對 A 判決提起再審之訴之同一事由對 B 判決提起再審之訴。否則即爲對 A 判決之指摘，對 B 判決如何具再審之事由並未表明，即屬再審之訴不合法（注三六），應以裁定駁回其再審之訴。於上述情形，有無初稿增列條文之適用？不無疑義。

丙、再審事件管轄之修正

初稿對於再審事件之管轄，因初稿第四百九十六條增設第三項之限

注三五　參照初稿説明。惟本項修正於第二審判決維持第一審判決確定再審之情形，如僅對第二審判決提起再審之訴認再審之訴爲有理由時，能否因第二審之原判決被廢棄，即認第一審之確定判決亦併遭廢棄？不無疑問。是否應作適當之修正，值得深思。

注三六　參照最高法院七十年臺再字第三五號判例。

制，仿日本民事訴訟法第四百二十二條之規定，規定再審之訴，專屬爲判決之原法院管轄(第一項)。對於審級不同之法院就同一事件所爲之判決，提起再審之訴者，專屬上級法院合併管轄。但對於第三審法院之判決，係本於第四百九十六條第一項第九款至第十三款事由聲明不服者，專屬於原第二審法院管轄(第二項)。本條之修正，目的在使同一事件不同審級之判決，可藉此由上級法院合併審判，以避免裁判之矛盾(注三七)。惟第二審法院就該事件，已爲本案判決者，依初稿第四百九十六條第三項規定，已不得提起再審之訴，尙不生合併管轄第一審確定判決之問題。故初稿本條第二項前段，實指專屬第三審法院合併管轄第二審及第三審判決之意。同項但書既係前段之例外，似宜修正爲合併由第二審法院專屬管轄較爲明確，否則似對第二審判決之再審有遺漏之感。理論上言，該但書規定應另定爲一項，使專對第三審判決再審者，亦有其適用。

丁、修正提起再審之訴之期間

初稿第五百條修正爲：「再審之訴，應於三十日之不變期間內提起」(第一項)。「前項期間，自判決確定時起算。判決於送達前確定者，自送達時起算；其再審之理由知悉在後者，自知悉時起算。但自判決確定後已逾五年者，不得提起」(第二項)。「以第四百九十六條第一項第五款、第六款或第十二款情形爲再審理由者，不在此限」(第三項)。與修正前之規定相較：(1)增設判決於送達前確定者，自送達時起算。蓋如不得上訴第三審法院之事件，第二審法院於宣示期日宣示判決時，即告確定。惟當事人尙未收受該判決，自無從判斷有無再審理由，爲保障當事人之權益，修正爲自送達判決時起算。(2)限制提起再審之訴之最長期間。原規定爲「其再審事由發生於判決確定後者，自發生時起，如已逾五年者，不得提起」。如事由發生於數十年後仍可再審，實有礙確定判決之安定性。

注三七　參照本條初稿説明。

故初稿修正，除有第三項情形外，不論再審事由發生於何時，自判決確定後五年，即不得提起再審之訴(注三八)。當事人就同一事件，一再以不同再審事由提起再審之訴，就最後之確定再審判決言，雖未逾五年，但就最初確定之判決言，已逾五年者，解釋上亦應受本項規定之限制。如條文中能明白規定更佳。

戊、修正提起再審之訴之程式

初稿第五百零一條關於再審之訴之程式，修正爲應以訴狀表明再審事項（第四款規定，此部分未修正），並添具確定終局判決繕本、影本。用以明確認定係對何確定判決聲明不服，且亦便於受理再審法院爲程序上之審理。當事人未添具確定終局判決繕本或影本者，應認提起再審之訴不合法。如不補正即得依第五百零二條第一項規定以裁定駁回之。

己、再審原告得於提起再審之訴之同時，聲明如再審之訴爲有理由時，再審被告應返還依原確定判決所爲給付或所受損害

再審之訴，原則上並無停止原確定判決執行之效力。故再審判決廢棄原判決時，如再審原告依原判決履行或依原判決所爲之假執行或本案執行之程序業已終結，爲保護再審原告之利益，並達訴訟經濟之目的，故初稿增訂第五百零五條之一。此時準用第三百九十五條第二項之規定，再審原告得聲明請求返還已依原判決執行之給付或所受損害，再審原告未爲聲明者，法院應告以得爲聲明。須討論者：(1)再審原告依原判決已主動給付者，有無本條之適用？(2)再審之訴係由最高法院管轄之事件，

注三八　參照初稿説明。惟依第四百九十六條第一項第七款至第十款提起再審之訴，須以宣告有罪判決已確定，或其刑事訴訟不能開始或續行非因證據不足者爲限，始得提起再審之訴。則因刑事訴訟之進行延緩逾五年時，依初稿將使再審之訴無法提起，對於當事人權益之保障是否周全？頗值推敲。

有無本條之適用？就(1)言，依初稿說明，似採肯定意見。惟第三百九十五條第二項之規定，一般咸認，於被告之主動履行並不適用(注三九)，應否擴及債務人之自動履行，值得研究。就(2)言，最高法院係法律審，而命返還或賠償涉及事實，對第三百九十五條第二項規定之情形，最高法院七十三年九月十一日民庭庭推總會決議採否定說，認其聲明爲不合法，應以裁定駁回其聲請。惟日本學說及實務上則採肯定說(注四〇)。將來實務上對此規定之態度如何？值得觀察。

庚、關於再審判決效力之修正

第五百零六條原規定：「再審之訴之判決，於第三人在起訴前以善意取得之權利無影響。」初稿將「在起訴前」四字刪除。其理由謂：「然第三人未必知悉再審之訴之提起，其起訴後因信賴原確定判決所取得之權利，如受再審判決之影響，難謂公允；且原確定判決之執行，原則上不因再審之訴之提起而停止，第三人信賴執行法院之拍賣而買受再審之訴有關標的物，如未受保護，亦滋紛擾，爲貫徹交易安全之維護，將原條文規定『在起訴前』之限制刪除。」本條之修正與其說明，仍有疑問。(1)依修正說明，本條規定，似祇適用於財產權之訴訟。則身分關係之訴訟，例如離婚之訴之再審判決結果，駁回離婚之請求之情形有無適用？如無適用，於此情形善意第三人之行爲之效力，例如與離婚判決之一造結婚時，其效果如何？自宜另有規定。(2)倘認本條之規定，於身分關係之判決，亦有適用。則往往第三人並非取得權利，例如上例，第三人之善意與判決離婚人結婚，難謂取得權利，應否仿照第六百四十條第一項規定，修正爲第三人之「善意行爲」，亦值商榷。又若本條專指財產權之訴訟，財產權之善意受讓，依即時取得之規定，善意受讓之權利，似已受有實體法之保護，有無於訴訟法再加規定之必要，原條文限於「起訴前」，是

注三九　參照拙著，第四九頁～五〇頁。兼子一等著，前揭書，第五八二頁注二。
注四〇　參照拙著，第五六頁注三二。

否在限實體法所定效果？亦值研究。

辛、關於支付命令之再審

對於支付命令可否再審？應如何再審？現行法未設規定，最高法院六十三年八月二十七日民庭庭推總會決議，認祇得聲請再審，不得提起再審之訴。惟確定之支付命令與確定判決有同一之效力（第五百二十一條），有確定私權之效果，則依聲請再審程序，實無以推翻實體效果。初稿第五百二十一條增設第二項規定：「前項支付命令有第四百九十六條第一項之情形者，得提起再審之訴，並以支付命令之聲請，視爲起訴」。就支付命令之再審，設特別之規定。

〔伍〕結論

以上就修正草案初稿修正情形，做概略分析或評述，以下略述幾點個人對於此番修正外事項之淺見，作爲結語。

甲、關於上訴程序之修正部分

(一)濫行上訴之防止

爲防止當事人之濫用上訴權，現行法除命其負擔訴訟費用外，並無有效的防止方法。對此在日本民事訴訟法第三百八十四條之二設有制裁之規定，即命其繳納上訴裁判費十倍以下之金額。據學者之說明，於當事人提起上訴而不附上訴理由、亦不到場辯論之情形，即可防止(注四一)。是否有仿效之可行性，值得檢討。

(二)關於第三審採用「裁量上訴」制之檢討

注四一　小室直人、賀集唱編，「民事訴訟法(2)」，基本コンナンタール，一九九二年十一月版，日本評論社，第一九九頁。

日本法務省民事局參事官檢討事項中（注四二），曾提出「裁量上訴」制度之修正構想，日本辯護士連合會雖持反對意見（注四三）。惟德國爲減輕第三審法院之負擔，於一九七五年七月八日之修正第五百五十四條之b，設拒絕受理上訴制（Ablehnung der Annahme der Revision）規定：「㈠關於財產權請求之訴訟，其上訴價額超過四萬馬克，而該事件並無原則上之重要性者，法院得拒絕受理之。㈡拒絕受理時，須經三分之二之多數決定之。㈢此項裁定得不經言詞辯論以裁定爲之」（注四四）。鑑於目前最高法院負擔之情形，德國拒絕受理上訴制是否有採用之價值？亦值參考。

乙、關於抗告程序之修正部分

依初稿第四百九十二條規定：「抗告法院認抗告爲有理由者，應廢棄原裁定，必要時得自爲裁定或命原法院或審判長更爲裁定。」準此，則設有地方法院命爲假扣押之裁定，債務人提起抗告，如抗告法院將原裁定廢棄命原法院更爲裁定，而當事人未再抗告時，則原命假扣押之裁定，即因廢棄而不存在，原假扣押之財產啓封，當更爲裁定之結果仍裁定准爲假扣押，則原曾扣押之財產可能因啓封而被處分致達不到假扣押之目的，於債權人權利之保障，即屬有礙。且債權人第一次因假扣押所供擔保，可否充作更爲裁定假扣押所應供之擔保亦屬疑問，類似情形，於破產事件之裁定亦生相似之情形，應否對於抗告法院之發回更爲裁定作適當之限制，值得研究（注四五）。

注四二　參照事項，第十五，五，2，(1)。
注四三　參照意見書，第二一九頁。
注四四　參照拙著，第九〇頁。
注四五　初稿第五百二十八條第三項及第四項對於假扣押裁定之抗告，已作補救修正，有無於抗告程序作通則規定之可能，尚值檢討。

丙、關於再審程序之修正部分

㈠應否規定判決旣判力所及之第三人亦得提起再審之訴

判決之旣判力有時及於當事人以外之第三人。例如對於爲他人而爲原告或被告之判決，第五百八十二條、第五百八十八條、第五百九十六條第一項、第六百四十條第一項等判決，此時第三人是否得對該判決提起再審之訴？ 不無疑問。最高法院十九年抗字第三二號判例雖謂「再審當事人應以前訴訟程序之當事人，及原判決旣判力所及之人爲限。故再審之訴，非前訴訟程序當事人之從參加人或案外之第三人所得提起」。其中所謂「旣判力所及之人」是否包括上述第三人之情形？ 如果是，該第三人應以何人爲再審被告？ 均有疑問。司法院之行政訴訟法修正草案第七編設有重新審判之制度，是否有引進之可能？ 實亦值得檢討之問題。

㈡依第五百零四條規定，再審雖有理由，法院如認原判決爲正當者，應以判決駁回之

此時，再審兩造當事人在再審程序中，就事件實體部分辯論結果，因其他理由認爲正當而遭駁回時，該事件旣判力之時點，應否隨之變動？ 抑應修正，法院應爲廢棄原判決，回復再審前之訴訟程序？（此時旣判力之時點，當然隨之變動），亦值檢討（注四六）。

最後值得一言的是，「第三審法院之判決，如少數法官以書面提出法律上不同意見，應予附記」（初稿第二百二十六條第四項）之增訂。依現行法評議時不同意見之法官，固應將其不同意見記載於評議簿。但評議簿不得公開（參照法院組織法第一百零六條），外界無從了解少數法官之法律上意見，對於法學研究是一個損失，對少數意見的法官亦屬不公平。故仿外國之例，規定少數法官之不同意見書，應附記於判決，實爲一進

注四六　三谷忠之著，「民事再審の法理」，昭和六十三年九月版，法律文化社，第一九四頁以下，對日本民事訴訟法第四百二十八條（相當我國第五百零四條）之規定，有相當深入之檢討，值得參考。

步立法，值得讚許。

※本文爲最高法院學術研究會、財團法人民事訴訟法研究基金會、財團
　法人臺大法學基金會聯合主辦之民事訴訟法修正草案研究討論會講稿

民事訴訟費用法修正草案析述

要　目

民事訴訟費用法修正草案析述

〔壹〕概說

　　司法院民事訴訟法研究修正委員會(注一)關於民事訴訟費用法之研究修正，共計討論九個會期，自第四一〇次會至第四一八次會。討論之初，咸認訴訟標的價額之核定，不僅與訴訟費用有關，更涉及訴訟程序之適用及上訴利益額之核算，外國立法例及民國十九年公布之民事訴訟法，將訴訟費用之核定列於民事訴訟法。故將民事訴訟費用法有關規定融於民事訴訟法第一編第三章，並將章名修正爲訴訟標的價額之核定及訴訟費用，並分五節：第一節訴訟標的價額之核定，第二節訴訟費用之計算及徵收，第三節訴訟費用之負擔，第四節訴訟費用之擔保，第五節訴訟救助。因此，民事訴訟法將來如果按民事訴訟法修正草案初稿（以下簡稱初稿）通過，民事訴訟費用法即將廢止。故嚴格言之，並無民事訴訟費用法修正草案存在。

　　就草案初稿對於民事訴訟標的價額之核定及訴訟費用章之修正言，基本上有幾點值得注意：

　　1.裁判費之徵收，其理論基礎是否應建立在防止當事人之濫用訴訟制度上之檢討。民事訴訟徵收裁判費，其理論基礎，學說上諸多學說，或認係使用制度之代價，或認係對於敗訴者之一種懲罰。但近來學者認

注一　以下簡稱民訴法研修會。

爲國家設置司法機關，服務人民，係人民對國家之一種基本權利，國家
有義務，使人民很容易地利用司法制度。惟爲防止人民濫用此一制度，
浪費國家資源，故須對之徵收裁判費。

　　2.訴訟標的價額之核定，與裁判費之徵收是否應採一定比例制？現
行民事訴訟費用對於裁判費之徵收，採按訴訟標的價額一定比例之方法
徵收（第二條）。此對於訴訟標的價額較高之訴訟事件，當事人將因無力
負擔裁判費而不易利用訴訟制度。故在外國有採按訴訟標的價額之高低，
採累減制者，以利當事人利用訴訟制度又防止濫訴，草案初稿第七十七
條之十三，關於分割共有物事件，及第七十七條之二十，關於調解（注二），
即酌採此一思想，未按訴訟標的價額之固定比例徵收。

　　3.原定定額之裁判費，例如民事訴訟費用法第十六條、第二十條、
第二十一條等，均予提高，以符實際。

　　4.關於訴訟價額之計算及裁判費之繳納，一律改按新臺幣爲單位。

　　5.關於抗告之不變期間，一律修正規定爲十日（初稿第一百條、第
一百十五條）。

〔貳〕關於訴訟標的價額核定規定之修正

　　關於訴訟標的價額核定部分，草案初稿與原民事訴訟費用法有下列
六點不同：

㈠增設職權調查證據之規定

　　訴訟標的價額之核定，由法院爲之（初稿第七十七條之一第一項）。
而訴訟標的之價額，關係訴訟程序事項，法院如不能依當事人之主張而
得有心證時，自應依職權調查證據以爲核定之基礎，故予明文規定，俾
便適用。

注二　八十三年一月二十五日再修正稿。

㈡文字之修正

原民事訴訟費用法第八條所定「土地權」意義不明，實係「地上權」之誤，故初稿予以修正，將「土地權」修正爲「地上權」。又民法物權編修正草案，已將「永佃權」修正爲「農用權」，將來物權編修正通過時，本條所定「永佃權」恐亦須再作修正。

㈢客觀合併之訴訟標的價額之核定之規定

將原民事訴訟費用法第五條及第六條規定合爲一條，規定以一訴主張數標的者，其價額合併計算之。但其主張之數項標的互相競合或應爲選擇者，其訴訟標的價額，應以其中價額最高者定之。以一訴附帶請求其孳息、損害賠償、違約金或費用者，不併算其價額（初稿第七十七條之二）。本條第一項但書規定，似有商榷之處。關於競合合併之情形，學說上皆謂係以同一之聲明爲請求，則不生價額高低問題。至主張之數項標的應爲選擇者，即所謂選擇合併，此項合併之制度應否承認？殊有疑問。

㈣未定有期間之租賃訴訟標的價額之核定

依民事訴訟費用法第十三條規定，因租賃權涉訟，其租賃定有期限者，以權利存續期間之租金總額爲準，其租金總額超過租賃物之價值者，以租賃物之價額爲準；未定期間者，以兩期租金之總額爲準。惟關於租金之計算，有以月爲準者，有以季爲準者，有以年爲準者，則關於不定期間之租賃權涉訟，其訴訟標的價額之核定，將因當事人之約定而異，不免失衡。初稿因之修正爲「未定期間者，動產以二個月租金總額爲準，不動產以二年租金之總額爲準」。

㈤因分割共有物涉訟之訴訟標的價額

關於分割共有物事件，訴訟標的價額如何計算？原民事訴訟費用法未設規定。依司法院三十二年院字第二五〇號解釋，認分割共有物之訴之訴訟標的價額，應以原告因分割所有利益之客觀價額爲準。如此，對於同一共有土地分割之訴訟，因提起分割之訴之原告所有應有部分之不

同而異其價額，實非所宜。且共有人係就共有物之全部行使其權利，而消滅共有關係，故初稿增訂爲「因分割共有物涉訟，以共有物之價額爲準」。至原告應繳納若干裁判費，則另定之。

㈥訴訟標的價額不能核定時之擬制

依原民事訴訟費用法第十五條規定，訴訟標的價額不能核定者，其標的價額視爲（銀元）五百元（折合新臺幣一千五百元）。此項規定於民國三十年公布民事訴訟費用法時，相當於當時民事訴訟法所定限制上訴第三審之上訴利益額。惟其後第三審上訴利益額隨社會經濟狀況之改變，數次提高，至今已定爲（銀元）十萬元。惟本條未配合修正，而與實際不符，且訴訟標的價額不能核定之事件，其事件未必簡單輕微，爲求訴訟之妥適進行，自宜依通常訴訟程序進行。故將其訴訟標的價額提高，視爲以第四百六十六條所定不得上訴第三審之最高利益額數加百分之十定之，以保當事人之權益。準此規定，如第四百六十六條所定不得上訴第三審之最高利益額數爲十萬元時加百分之十即一萬元，則不能核定訴訟標的價額，視爲（銀元）十一萬元（折合新臺幣三十三萬元）。

〔參〕關於訴訟費用之計算與徵收規定之修正

㈠關於訴訟標的價額之計算及徵收，其貨幣種類，一律改用通用之新臺幣，減少折算之麻煩

例如初稿第七十七條之十三、之十四、之十七、之十八、之十九等規定是。

㈡關於分割共有物之訴之裁判費

分割共有物之訴之訴訟標的價額，按共有物起訴時之全部交易價額核定（初稿第七十七條之十一）。但關於裁判費之徵收，則按共有物價額二分之一徵收，以免對共有人過苛。

㈢提高因非財產權起訴、抗告及再抗告、與聲請或聲明之裁判費

　　依民事訴訟費用法之規定，因非財產權起訴者，徵收裁判費(銀元)四十元(第十六條第一項)，抗告及再抗告各徵收裁判費(銀元)十元(第二十條)，聲請或聲明費徵收裁判費(銀元)十元，顯屬偏低，初稿酌予提高：因非財產權起訴，徵收裁判費新臺幣五千元，抗告及再抗告新臺幣一千元，聲請或聲明亦爲新臺幣一千元(初稿第七十七條之十四、之十八、之十九)。

㈣增設聲請再審應徵收裁判費之規定

　　現行民事訴訟費用法對於聲請再審未規定應徵收裁判費，故在適用上滋生疑義，且常爲當事人所濫用，初稿因增設規定，對於確定之裁定聲請再審者，徵收裁判費新臺幣一千元(初稿第七十七條之十七第二項)。

㈤增設免徵裁判費之規定

　　依民事訴訟法第三百九十五條第二項規定，法院廢棄或變更假執行之本案判決者，應依被告之聲明，將其因假執行或免假執行所爲給付及所受損害，於判決內命原告返還及賠償。又初稿第五百三十一條第二項增訂「假扣押所保全之本案請求已起訴者，前項賠償(債權人因假扣押自始不當，未依限起訴或自行撤銷假扣押時，所應賠償債務人因假扣押或供擔保所受之損害)，法院於第一審言詞辯論終結前，應依債務人之聲請，於本案判決內命債權人爲賠償」。上述二類聲明，性質上與提起反訴相似(注三)，應否繳納裁判費滋生疑問，初稿第七十七條之十五第二項明定，於此聲明，不徵收裁判費。

㈥明定爲訴之變更或追加時，裁判費之計徵

　　訴之變更或追加，有多樣型態，是否應一律就變更或追加之新訴，全額徵收裁判費，適用上不無疑義。初稿第七十七條之十五第三項增訂，訴之變更或追加，其變更或追加後訴訟標的之價額超過原訴訟標的之價額者，就其超過部分補徵裁判費。此項規定，於訴之變更情形，原告係

注三　參照拙著，「程序法之研究㈠」，第五一頁以下。最高法院七十八年臺抗字第八二號判例。

以變更之新訴代替原訴，如果新訴之聲明與訴訟標的與原訴全然不同，祇就其超過之價額部分，徵收裁判費是否合理？不無商榷之處。又關於訴之追加部分，已有初稿第七十七條之二第一項規定之適用，似亦無特別規定之必要。

㈦依第四百五十二條第二項移送之事件，經判決提起上訴，免徵上訴之裁判費

向第二審或第三審法院上訴，如經發回或發交更行上訴者，免徵上訴之裁判費（民事訴訟費用法第十八條、初稿第七十七條之十六第一項）。第一審法院違背專屬管轄之規定為本案之判決，經第二審法院將其判決廢棄將事件移送於管轄法院（第四百五十二條第二項），經判決後再行上訴時，可否免徵上訴之裁判費？原民事訴訟費用法未設明文，易滋疑義，故初稿明文規定與發回或發交更審再行上訴情形同，免徵費用。

㈧關於當事人於第二審為訴之追加、變更或反訴、或主參加訴訟（第五十四條之訴）時，裁判費之計徵

民事訴訟費用法於此情形未設規定，實務上有疑義，故初稿加以明文規定，準用初稿第七十七條之十六第一項規定，即按其追加或變更後增加訴訟標的價額或主參加訴訟標的價額加徵十分之五為其裁判費。

㈨關於訴訟中之聲明或聲請事件裁判費徵收之修正

此部分之修正有二部分，一為聲請或聲明之裁判費由原徵收銀元十元（折合新臺幣三十元）提高為新臺幣一千元，以符經濟狀況之變遷（注四）。一為應徵收之聲請或聲明種類之增減。原民事訴訟費用法第二十一條所定七款應徵收裁判費之聲請或聲明中，第二款之「聲請公示送達」係有關訴訟程序上之聲請，因其他訴訟程序上之聲請均未徵收裁判費，

注四　裁判費徵收新臺幣一千元，相當於訴訟標的金額或價額為新臺幣十萬元之事件，則請求之金額或價額在新臺幣十萬元以下之事件，利用督促程序，反增加費用之支出，似有妨害督促程序利用之嫌，應否減低其裁判費之必要？值得商榷。

故亦予刪除免徵裁判費。至依民法第九十七條規定聲請公示送達以代意思表示之通知者，係屬非訟事件性質，應依非訟事件法有關規定收費。又第四款關於證據保全，如其聲請在本案起訴後者，亦屬訴訟程序上之聲請，不宜另徵裁判費，故修正爲「起訴前聲請證據保全」。再第五款原規定「聲請假扣押、假處分或撤銷假扣押或假處分」，易被誤解爲包括聲請撤銷假扣押或假處分之執行，故修正爲「聲請假扣押、假處分或撤銷假扣押或假處分裁定」，俾資明確。宣告死亡事件之先行程序有公示催告（第六百二十八條），則聲請宣告死亡事件，究應依何規定收費？不無疑義，故初稿第七十七條之十九第七款增列「宣告死亡」以杜爭議，須注意者，聲請宣告死亡事件（或聲請公示催告並除權判決者亦同）包括公示催告程序及宣告死亡（或除權判決）二種聲請，不論分別或同時聲請，均應分別依其聲請命繳各該裁判費。另聲請宣告禁治產或撤銷禁治產，原民事訴訟費用法對其如何徵收裁判費未設明文規定，適用上有疑義，初稿增訂第六款規定「聲請宣告禁治產或撤銷禁治產」徵收裁判費新臺幣一千元。

㈩關於視爲起訴事件之裁判費

其情形有二：

⑴依第五百十九條第一項規定，以支付命令之聲請視爲起訴者，依初稿第七十七條之二十規定，仍應依第七十七條之十三、之十四規定全額徵收裁判費。換言之，當事人於聲請發支付命令依第七十七條之十九第四款視爲起訴時，所繳裁判費不能抵繳所應繳納之裁判費，以杜原民事訴訟費用法第二十二條規定所生之疑義。

⑵依第四百十九條對於調解不成立視爲於調解聲請時已經起訴之情形，此種情形依原民事訴訟費用法第二十二條規定，仍應依同法第二條、第十六條規定徵收裁判費。草案初稿原以聲請調解並未規定聲請調解，應繳納裁判費，其於調解不成立後視爲已經起訴者，當然應按起訴之規

定繳納裁判費，不生抵扣問題，而予刪除（注五）。嗣民訴法研修會第四六九次會（八十三年一月十八日）決議，（暫定條文）第七十七條之二十規定聲請調解，按其請求之金額或價額大小，累減徵收聲請費，並於同條第二項規定，調解不成立後起訴者，當事人聲請調解所繳聲請費，扣抵起訴後應繳之裁判費。蓋為配合強制調解之規定，避免同一事件重複徵收費用影響當事人權益，而特別規定得予扣抵（注六）。

(十一)對於集體訴訟裁判費之減收

因公害、事故、商品瑕疵或其他本於同一原因事實而被害之事件，恆多被害人，基於訴訟經濟之原則，初稿第四十四條之一，仿英美法之 class action 增訂併案請求之程序。為鼓勵未起訴之被害人利用此一制度請求賠償，減輕訟累，初稿第七十七條之二十一規定，其裁判費減徵十分之五。此條規定值得檢討者，即初稿對於選定當事人之訴訟，並無減徵裁判費之規定，故可預想將來將有原依選定當事人方法提起訴訟之事件，共同利益人可能先由一人起訴，再經依初稿第四十四條之一，由其他共同利益人來併同請求，以減輕裁判費之負擔。果爾，法院為踐行初稿第四十四條之一所定程序，反使訴訟程序複雜化。是否對選定當事人之情形，亦規定減徵裁判費？亦屬可以研究之問題。

(十二)關於進行訴訟之必要費用及標準，授權司法院定之

原民事訴訟費用法第二十四條至第二十八條對於進行訴訟之必要費用逐一訂定其數額，常與實際情形不能配合，而修法亦屬相當費時，初稿第七十七條之二十二第一項將其修正為：「訴訟文書之影印費、攝影費、抄錄費、翻譯費，證人、鑑定人之日費及旅費，法官、書記官及執達員、通譯於法院外為訴訟行為之食、宿、舟、車費及其他進行訴訟之必要費

注五　參看同條修正說明二。

注六　參看同條修正說明四（八十三年一月二十五日）。惟調解事件並非均屬強制調解(初稿第四百零四條)，則於非強制調解事件經調解不成立後起訴者，倘亦可抵扣裁判費，則於對支付命令之異議視為起訴之情形，規定不得抵扣，有無失衡情形，值得檢討。

用，其項目及標準由司法院定之」，俾配合實際情形，適時調整，以利適用，並將原條文所定證人等之到庭費、滯留費及食、宿、舟、車費改爲「日費及旅費」以與第三百二十三條第一項、第三百三十八條所定用語一致。至郵電送達費、運送費、登載公報新聞紙費及法院核定之鑑定人報酬，則依實支數計算(同條第二項)。前二項因訴訟行爲須支出之費用，審判長得定期命當事人預納之(初稿第九十四條之一前段)。此項預納之費用應專就該事件所預納之項目支用之（初稿第七十七條之二十二第三項），不得流用。

(十三)當事人、法定代理人或其他依法令代當事人爲訴訟行爲之人，經法院命其於期日到場者，其到場費用，列爲訴訟費用之一部（初稿第七十七條之二十二第一項）

此條規定爲原民事訴訟費用法所無。當事人、法定代理人或其他依法令代當事人爲訴訟行爲之人(例如代表人、管理人、特別代理人)，經法院依第二百零三條第一款、第三百七十八條、第四百零八條等規定命其本人於期日到場者，係法院課其到場之特別義務，其因到場之費用，自宜列爲訴訟費用之一部。惟其費用之計算不得浮濫，故同條第二項規定其「費用額之計算，準用證人日費、旅費之規定」。

(十四)特定之律師酬金定爲訴訟費用之一部

初稿爲充分保障當事人之權益，第三審程序採律師訴訟主義，於若干情形，法律規定法院或審判長得爲當事人選任律師爲訴訟代理人或特別代理人（例如初稿第四百六十六條之六第一項、第五百八十五條第一項、第五十一條、第三百七十四條等情形)。此時律師之酬金，由法院或審判長酌定之，並將酬金作爲訴訟費用之一部，其支給標準由司法院定之(初稿第四百六十六條之二十四)。須特別說明者，第三審程序採律師訴訟主義，關於律師之委任，原則上由當事人自由選任，當事人與受委任之律師，其酬金如何約定，法院並不加干涉，當然有拘束契約當事人之效力。惟其約定之酬金若高於法律所定之額數，則超過部分自不得計

入訴訟費用（初稿第四百六十六條之七第一項）。

(十五)關於退費之特別規定

依初稿第七十七條之二十五規定：訴訟費用如有溢收情形（例如因誤算），法院應依聲請，以裁定返還之。此項聲請至遲應於裁判確定或事件終結後一年內為之，以兼顧保障當事人之權益。又於第一審訴訟繫屬中，經兩造合意將事件移付調解而成立者，依初稿第四百二十條之一第三項(注七)規定，原告得於調解成立之日起三十日內聲請退還已繳納裁判費之額數。此項規定，於訴訟上和解是否亦應作相同之修正，值得檢討。又調解之聲請已規定為應收聲請費，如調解成立，應否退費亦值商榷。

〔肆〕關於訴訟費用負擔規定之修正

㈠於各當事人一部勝訴、一部敗訴之情形

依第七十九條規定：「各當事人一部勝訴、一部敗訴者，各負擔其支出之訴訟費用。但法院得酌量情形，命兩造比例分擔或命一造負擔」。可知，原則上係採各自負擔其支出之訴訟費用。惟在實務上，原告起訴須預納裁判費，訴訟進行中因訴訟行為所支出之費用，例如送達費用等，亦多由原告預納，故此項原則實際上對原告係屬不公平，故初稿修正為「其訴訟費用，由法院酌量情形，命兩造比例分擔或命一造負擔，或命兩造各自負擔其支出之訴訟費用」。

㈡關於共有物分割、經界等訴訟，訴訟費用負擔之增設

共有物分割、經界或其他性質上類似之事件，雖依訴訟形式解決。惟其性質仍屬非訟事件性質，並無所謂何造勝訴或敗訴問題，若依過去將訴訟費用命由形式上敗訴之當事人負擔，實欠公允。故初稿增訂第八

注七　第四七四次會議（八十三年三月二日）決議。

十條之一，規定法院得酌量情形，命勝訴之當事人負擔其一部，以期公平。

㈢明定原民事訴訟法第九十條第二項所定二十日之聲請裁定訴訟費用之期間爲不變期間，以杜疑義

㈣因配合其他規定之修正而修正者

此種規定有二，即：

1.因配合民事訴訟法第一百十四條初稿修正爲經准予訴訟救助者，於終局判決確定或訴訟不經裁判而終結後，第一審受訴法院應依職權以裁定確定訴訟費用額，並向應負擔訴訟費用之當事人徵收之。故將同法第九十一條第一項所定「並得依職權」五字刪除。

2.因配合初稿第九十四條之一之規定，刪除第九十四條第二項之規定。

㈤對於不預納費用致訴訟無從進行時之效果規定

訴訟費用除裁判費外，於訴訟行爲中尚須支出多種費用，審判長固得命當事人預納(原民事訴訟法第九十四條第二項)。惟當事人不依命預納時，實務上祇得不爲該訴訟行爲，但不得以訴不合法而裁定駁回。惟有些費用關係訴訟之進行，例如送達費，如不繳納，訴訟無從進行，徒增事件處理之困難，故初稿增設第九十四條之一，規定「訴訟行爲須支出費用者，審判長得定期命當事人預納之。當事人不預納者，法院得不爲該行爲。但其不預納費用致訴訟無從進行，經定期通知他造墊支，亦不爲墊支時，視爲合意停止訴訟程序」。

㈥初稿對於第三審採律師訴訟主義，並將律師之酬金，作爲訴訟費用之一部

按第二審判決如經第三審法院以適用法規顯有錯誤而廢棄時，如係因可歸責於法院之事由所致者，則令敗訴當事人負擔全部酬金，自欠公允。故初稿第四百六十六條之七第二項規定於此情形，應負擔訴訟費用之當事人,得聲請第三審法院裁定由國庫負擔該律師酬金之全部或一部。

〔伍〕關於訴訟費用擔保規定之修正

㈠將不服關於聲請命供訴訟費用擔保之裁定，提起抗告之不變期間，改爲一般抗告期間（初稿第一百條）

㈡賦予具體保證書以執行名義

應供擔保之原告經法院許以具保證書代之者，具保證書人有就保證金額負履行之責。惟如不履行時，可否依保證書逕行對之強制執行？實務上雖採肯定說，但乏法律依據，故初稿第一百零三條第二項增訂「法院得因被告之聲請，逕向具保證書人強制執行」。即賦予該保證書有執行名義。

㈢關於返還提存物或保證書之修正

將裁定命返還之原因，規定爲⑴應供擔保之消滅（此款未修正），⑵供擔保人證明受擔保利益人同意返還（原規定爲無庸裁定）（注八），並規定訴訟終結後，供擔保人聲請返還提存物或保證書，經法院通知受擔保利益人於一定期間內行使權利，並向法院爲行使權利之證明而未證明者，視爲同意返還（初稿第一百零四條第二項）。與原定「供擔保人證明已定二十日以上之期間，催告受擔保利益人行使權利而未行使者」不同。蓋依原規定，供擔保人常有因對證明受擔保利益人未行使權利之事實難以舉證，而無法領回提存物或保證書之情形。故予修正，以資便民。又於假執行之本案判決已全部勝訴確定，假扣押、假處分、假執行於執行程序實施前撤回執行之聲請之情形，並非屬於訴訟費用之擔保事項，且提存法第十六條對此已有規定，故初稿刪除此部分之規定。

㈣刪除依其他法令供訴訟擔保時，得以保證書代之之規定

民事訴訟法第一百零六條原規定第一百零二條至第一百零五條規

注八　惟法院爲准否返還之意思表示，即爲裁定，則原規定，所請無庸裁定實即爲准予返還之意思表示，其用語顯有不當。

定，於其他依法令供訴訟上之擔保者準用之。因準用第一百零二條第二項之結果，得以保證書代之。惟如聲請人與立保證書人勾串時，將有於日後規避保證責任，侵害受擔保利益人利益之虞，故初稿予以刪除，以杜流弊。

〔陸〕關於訴訟救助規定之修正

㈠放寬對於外國人之訴訟救助

民事訴訟法第一百零八條原規定，對於外國人准予訴訟救助，以依條約或該外國人之本國法，中華民國人在其國得受訴訟救助者爲限。如此，則對於無外交關係，亦無條約簽定國家之外國人聲請訴訟救助時，即無從准許，實不足以保護外國人之權益，非一文明法治國家所應有，故初稿修正爲：「以依條約或其本國法令或慣例，中華民國人在其國得受訴訟救助者爲限」，以求周延。

㈡對於聲請訴訟救助之程式作較詳細之規定

初稿第一百零九條第一項規定：聲請訴訟救助，應向受訴法院爲之（與原條文第一項同）。於訴訟繫屬前聲請者，並應陳明關於本案訴訟之聲明及其原因事實(注九)（新增部分）。第二項將原定「請求救助之事由，應釋明之」，修正爲「無資力支出訴訟費用之事由，應釋明之」。以杜原定釋明之範圍，應否包括「顯無勝訴之望」之爭議。第三項增訂保證書應記載事項，即「保證書內，應載明具保證書人於聲請訴訟救助人負擔訴訟費用時，代繳暫免之費用」。惟未如初稿第一百零三條第二項規定得逕向具保證書人強制執行，將來在適用上難免有疑義。

㈢關於訴訟效力規定之修正

將原民事訴訟法第一百十條第一款「暫免審判費用」修正爲「暫免

注九　蓋在起訴前，法院並無起訴狀或其他訴訟資料，以憑認定其訴之範圍及是否有「顯無勝訴之望」之情形，故增設訴訟繫屬前聲請訴訟救助之特別程式。

裁判費及其他預納之訴訟費用」，以期明確。又因第一款之修正，已將執達員應收之費用及墊款包括在內，故將原條文第三款刪除。將原第四款改列第三款並修正爲「審判長依法律規定爲受救助人選任律師代理訴訟時，暫行免付酬金」。以免被誤會爲凡聲請訴訟救助者，法院均得爲其選任律師代理訴訟。又關於依法律選任律師爲訴訟代理人，均規定由審判長選任，爲求用語統一，將原「法院」二字修正爲「審判長」。再准予訴訟救助，受救助人得暫免者，除裁判費外，尚包括訴訟進行中應預納之訴訟費用，該等費用非由法院先行墊付，訴訟無法進行。故初稿增訂第二項規定「前項第一款暫免之訴訟費用，由國庫墊付」，俾法院有墊款之依據。

㈣關於爲撤銷訴訟救助之裁定法院之修正

依民事訴訟法第一百十三條第二項規定，撤銷訴訟救助之裁定，「在訴訟未結前，由訴訟繫屬之法院，在訴訟已結後，由第一審受訴法院爲之」。惟如訴訟在下級審終結，經當事人提起上訴，而卷宗尚未移送上級審法院時，應由何法院裁定，即生疑義。故初稿第二項修正爲「前項裁定，由訴訟卷宗所在之法院爲之」，以利適用。

㈤關於暫免訴訟費用徵收規定之修正

准予訴訟救助，僅於訴訟終結前有使受救助人暫免預繳各該費用之效力，至訴訟終結後此項暫免之費用，應如何向負擔訴訟費用之當事人徵收？民事訴訟法第一百十四條第一項規定「得向負擔訴訟費用之他造徵收之」，過於簡略。故初稿將第一項修正爲「准予訴訟救助者，於終局判決確定或訴訟不經裁判而終結後，第一審受訴法院應依職權以裁定確定訴訟費用額，並向應負擔訴訟費用之當事人徵收之」，以期周延。至原第二項規定「執達員或爲受救助人選任之律師，得對於負擔訴訟費用之他造，請求墊還其應收之費用、墊款及酬金」，及同條第三項：「依前項規定爲請求者，得據受救助人有執行力之債務名義，聲請確定費用額及強制執行，並得爲第九十條之聲請」。因第一項初稿已定爲由第一審受訴

法院依職權確定訴訟費用額，向應負擔訴訟費用之當事人徵收。其效力較之由執達員及律師自爲求償強，故將此二項刪除。又審判長依法律規定爲受救助人選任律師時，依律師法第二十一條規定，被選任之律師，非經釋明有正當理由者，不得拒絕。而其應得之酬金，受救助人依法又得暫行免付，倘於訴訟終結後，依初稿第一項規定徵收未有結果時，對於被選任之律師，殊屬不公。故初稿第三項增定「爲受救助人選任律師之酬金，徵收而無效果時，由國庫墊付」，以資補救。

㈥關於訴訟救助之各裁定不服提起抗告者，原定爲五日之即時抗告，初稿第一百十五條修正爲依一般抗告之規定，期間爲十日不變期間

※本文爲司法院司法業務研究會第二十三期講稿

民事調解之效力

要　　目

民事調解之效力

〔壹〕前言

　　民事紛爭係人類社會無從避免之現象。紛爭不能解決，社會秩序即難維持。關於解決紛爭之道，民事訴訟固屬最後之強制解決方法，但非唯一方法。在我國，尚有鄉鎮調解（注一）、租佃之調解調處（注二）、地政機關之調處（注三）、商務仲裁（注四）、民法上之和解（注五）及民事訴訟法上之調解等。本文所欲討論者，限於民事訴訟法上所定之調解。是調解者，謂法院依當事人之聲請，就兩造間有爭議之民事法律關係或權利，於未起訴前，從中調停排解，使為一種合意，以避免訴訟之程序。並依此，就調解之性質、調解成立之效力及調解之無效與撤銷之救濟三部分，檢討調解之效力。

〔貳〕本文

注一　參照鄉鎮市調解條例。
注二　參照耕地三七五減租條例第二十六條。
注三　參照土地法第五十九條。
注四　參照商務仲裁條例。
注五　參照民法第七百三十六條以下。

甲、調解之性質

㈠調解程序之性質

調解程序雖係因當事人之聲請而由法院從中調停，以達成解決民事紛爭之合意，惟其係在避免訴訟之訴訟前程序，雖規定於民事訴訟法(注六)，性質上仍屬非訟事件之性質。從而關於當事人能力、非訟行為能力及代理等，自應依非訟事件之法理決定之。關於非訟事件之當事人能力、非訟行為能力及代理等，依非訟事件法第六條及第七條規定，係準用民事訴訟法有關當事人能力、訴訟能力及代理等之規定。

㈡調解成立之性質

關於調解之成立，依民事訴訟法之規定有二種情形，一為經兩造當事人之合意而成立(第四百十六條第一項)，一為法院依第四百十七條為解決事件適當之裁定後，當事人或利害關係人未於裁定送達於當事人翌日起十日內為異議以裁定視為調解成立之情形（第四百十八條第一項第二項）。關於調解成立（合意）之法律上性質如何？我國學者著作鮮見討論。在日本，則約可分為二說。有採調解裁判說者，認成立之調解係在依調解代替審判，與裁判之為國家公權之判斷無異（注七）。有採調解合意說者，謂調解之本質為當事人自主的主體之合意。後者為該國學者一般通說（注八）。民事訴訟法所定調解與日本民事調停法之規定，不盡相同，就我國之調解而言，其依兩造之合意而成立之調解，其調解之過程雖有調解推事之參與勸導甚或擬具平允辦法以達雙方之協和（第四百十

注六　在立法上，有獨立以調解法定之者，例如我國民國十九年頒布之民事調解法，日本之民事調停法。

注七　參照石川明、梶村太市編，「注解民事調停法」，昭和六十一年十月版，青林書院，以下簡稱石川編，第二〇七頁。佐佐木吉男著，「調解い代わる裁判」（載於「實務民事訴訟法講座(7)」，昭和四十五年十一月版，日本評論社，第二六九頁以下）。

注八　參照石川編，第二〇七頁。

四條)，然雙方是否能達成合意，當事人仍有自主的決定權，故其合意與民法上之和解，本質上殊無不同，難認係審判之代替。又其依第四百十七條之裁定視爲調解成立之情形，其裁定之內容，雖係由調解推事徵詢調解人之意見，斟酌一切情形，求兩造利益之平衡，於不違反兩造當事人之主要意思範圍內，爲解決事件而予決定，但該裁定實係解決兩造間紛爭之和解方案，當事人或利害關係人於法定期間仍可提出異議，一經異議該裁定即失其效力（注九）。足見當事人是否願意依和解方案（即調解推事之裁定）成立調解，有絕對之自主權，不若判決之有強制拘束力。似難以有調解推事之裁定，而謂調解代替審判。是當事人在調解程序之合意行爲，應屬私法上之和解行爲。

乙、調解成立之效力

調解成立者，與訴訟上和解有同一之效力（第四百十六條第一項）。又「和解成立者，與確定判決，有同一之效力」。故學者通說謂調解成立者，亦有與確定判決同一之效力，與訴訟上和解同。然則，調解成立者，果俱具確定判決之諸效力？似非毫無疑義。一般討論確定判決之效力時，皆分四部分討論，即判決之羈束力、判決之確定力、判決之執行力及判決之形成力。茲依此檢討調解之效力。

㈠羈束力

所謂判決之羈束力係指判決一經宣示或送達後，爲判決之法院即受其羈束(第二百三十一條)。除有誤寫、誤算或其他類似之顯然錯誤，得予裁定更正，或經再審判決或經上級審廢棄該判決外，不得自行撤銷或變更之謂。調解成立者與判決有同一之效力，故學者亦謂調解成立者有羈束力，除調解筆錄有誤寫、誤算或類此顯然錯誤，得由書記官更正外，法院及當事人均受其羈束。此一觀點似不無商榷之處。蓋調解之成立，

注九　民事訴訟法第四百十八條第二項雖規定「視爲調解不成立」，實則調解原即未成立，無以法律再擬制爲「調解不成立」之必要。該規定實爲贅文。

係基於當事人兩造之合意(注一〇)，當事人應受合意之拘束，法院或第三人除法律有特別規定者外（注一一），不得任意變更他人間所定契約之內容，乃契約自由原則下，契約效力之本質使然，能否謂係因調解成立者與判決有同一效力所生，不無疑問。

㈡確定力

判決之確定力，可分爲形式上的確定力與實質上的確定力二種。所謂形式上的確定力，係指判決處於不能依通常救濟程序捉起上訴或抗告表示不服之狀態時之謂。而實質上的確定力學者及實務上又謂旣判力，係指訴訟標的之法律關係，於確定終局判決中已經判決者，除法律別有規定外(例如第四百條第一項)，當事人不得更以該法律關係爲標的而提起新訴訟，且於新訴訟中作攻擊防禦方法，亦不得爲與確定判決意旨相反之主張之謂。就形式上之確定力言：學者有謂調解一經成立，調解程序即告終結，當事人之合意即不可變更，在此意義下，形成調解之程序上有不可撤銷性，此一狀態即應視爲已有形式上確定力之效果者（注一二）。惟調解程序係起訴前之非訟程序已如前述，而調解能否成立，均委諸當事人之自由意志，所成立之調解雙方應受拘束，係源自合意(契約)之效力，能否謂此狀態爲調解已生與判決效力所同之形式上確定力，個人仍抱懷疑之態度。至實質上之確定力言，在採調解代裁判說者，固多肯定調解有實質上確定力之見解，即一般學者在討論訴訟上和解有無旣判力時，見解亦未趨一致（注一三）。我國實務上似採限制的肯定說

注一〇　其由調解推事依民事訴訟法第四百十七條之裁定而成立之調解，係因兩造對於裁定皆未異議促成者，應解爲兩造就裁定之內容爲默示之合意。

注一一　例如民法第七十四條、第二百五十二條、民事訴訟法第三百九十七條等情形。

注一二　石川編，第二一一頁。石川明著，「民事調停と訴訟上の和解」，昭和五十八年二月版，一粒社，以下簡稱石川著，第五五頁。小山昇著，「新版民事調停法」，昭和五十二年二月版，有斐閣，以下簡稱小山著，第二八四頁。

注一三　參照拙著，「程序法之研究㈠」，第二七頁以下。石川編，第二一二頁以下。石川著，第五六頁以下。

（注一四）。至調解成立者，有無旣判力，尙無判例可尋。日本實務上似亦採限制的肯定說(注一五)。按調解就性質言，係屬非訟性質，其所成立之調解，係屬私法自治之合意行爲，且調解之成立，有使當事人所拋棄之權利消滅及使當事人取得調解合意（和解契約）所訂明權利之效力（民法第七百三十七條）。故兩造間之法律關係因調解成立而確定法律關係，當事人不得就同一事項爲調解以前同樣之主張，各負擔因和解確定之債務而有履行之責。換言之，成立之調解，在實體法上已有消滅原來法律關係並創設新法律關係（調解）之效力(注一六)。是當事人不得再主張原來之法律關係自不待言。問題在於如當事人如仍主張原來之法律關係，並對之爲訴訟上之「請求」（起訴）或（在他訴訟中）「主張」時，法院應如何處置？在採肯定說，法院應就其「請求」依第二百四十九條第一項第七款以訴不合法裁定駁回其訴，就其「主張」以已有調解爲由，而不得爲與調解內容相矛盾之認定。在採否定說者，法院得就調解是否有效成立爲判斷，如認調解成立，其以訴請求者，應以訴爲無理由判決駁回其訴，於他訴中主張者，則認其主張爲不可採；如認調解無效（或經撤銷）者，即得就原法律關係爲審查。在採限制的肯定說者，法院仍得審查調解是否有無效之情形，如無無效情形，其處理方式與採肯定說者同，如有無效情形，則處理方式與採否定說者同，惟在考慮判決之旣判力時，當事人權之保障，即當事人所受程序法上之保障係其重要基礎，

注一四　最高法院五十五年臺上字第二七四五號判例謂「訴訟上之和解成立者，依民事訴訟法第三百八十條第一項規定，固與確定判決有同一之效力，惟此項和解，亦屬法律行爲之一種，如其內容違反強制或禁止之規定者，依民法第七十一條前段之規定，仍屬無效。」自無旣判力可言。

注一五　參照日本最高裁判所昭和四十三年四月十一日（民集22—4—862）判例。石川編，第二一五頁。

注一六　參照史尚寬著，「債法各論(下)」，民國四十九年，第八一六頁以下。鄭玉波著，「民法債論各論(下)」，民國七十二年，第八一一頁以下。戴修瓚著，「民法債編各論（下）」，民國四十四年，文光，第三六四頁以下。

是在討論調解是否有實質上之確定力（既判力）時，亦應作同一之考量（注一七）。就此而言，調解程序，是否側重於私法之自治，未如訴訟程序，而能與判決作同等觀察，不能不令人懷疑。又就既判力對於裁判衝突或矛盾上防止言，於調解之情形亦不致發生。再就判決既判力中之遮斷效言，係遮斷當事人在事實審最後言詞辯論終結時以前，所得主張作為判決基礎之要件事實之效力。換言之，當事人於事實審最後言詞辯論終結前所得主張之要件事實，如未主張，於判決確定後，即不得再為主張。但在調解之情形，調解之內容，並非對於既存權利義務存否之判斷，故在調解過程中，就兩造爭執法律關係或權利所得主張之要件事實，僅構成其對原權利義務存否之認識與是否決定協和以達合意之因素。於調解成立後，自不得再為主張，與遮斷效無關。至調解有無類如第四百零一條第一項對第三人之效果？按調解係起訴前之程序，並無訴訟繫屬，且為私法上和解契約之一種，似不應使其效力及於契約當事人以外之第三人，否則將有礙於交易之安全。至於調解成立後，其繼受人或為當事人或繼受人占有請求標的物之人，應否受調解之拘束，而得對之強制執行，可基於政策之考量，仿公證法第十一條第二項第三項之立法方式，予以規定，實不宜謂調解亦有既判力（注一八）。

㈢執行力

判決之執行力係指確定之給付判決，除性質上不宜或無庸執行者外，於債務人不依判決履行時，得聲請法院強制執行之效力。成立之調解，性質上屬私法上和解契約之一種已如前述，當事人如不履行時，原無執行力可言，惟調解既係在調解推事前成立，並由法院書記官作成調解筆

注一七　參照石川著，第五七頁。

注一八　楊建華著，「民事訴訟法㈠」，民國七十四年五月版，第三四四頁，謂通說均認為調解成立者，亦具有既判力。惟聲請人於聲請調解時，未表明為調解標的之法律關係，亦未經補正即成立，則唯認定其既判力範圍云云，似採肯定說。曹偉修著，「最新民事訴訟法釋論」，民國六十一年版，第一三三二頁，亦採肯定說。

錄，該調解之內容含有經法院予以確認、公證之意義，爲達疏減訟源，使私權迅速實現之目的，自有賦予執行力之必要，故法條所謂調解（或和解）與和解（或判決）有同一之效力者，在指判決之執行力上，具有重要意義。至其執行力之範圍，就其物的範圍言，凡在調解內容中之給付請求權，均宜認有執行力。就其人的範圍言，除當事人及參加人外(注一九)，如上述討論，可考慮立法使其及於調解成立後之繼受人及爲當事人或繼受人占有請求標的物之人（注二〇）。

㈣形成力

判決之形成力係指當事人間之某法律關係，因判決之確定而發生、變更或消滅之效力。按成立之調解爲和解契約之一種，有使原法律關係消滅，並創設新法律關係之效果，故調解有形成的效力(注二一)。惟此項形成的效力，係當事人雙方就爭執之法律關係或權利相互讓步達成協議創設之結果，非當事人對法院以訴行使其形成權之結果，似難與判決之形成力相比。且應以形成之訴主張之形成權，除法律別有規定外，當事人可否處分，而依調解之合意達成形成之效果，亦滋疑問。誠然，當事人因欲達成某種須以訴主張形成權所形成之效果,而與對造發生爭執時，非不得依調解而創設兩造所同意之新法律關係,但此新法律關係之形成，係因有調解而形成，並非形成權之行使所致，自難謂係由於第四百十六條第一項規定之效力而生之形成力。

丙、調解之無效及撤銷

㈠調解無效及撤銷之原因

1.調解無效之原因

注一九　此之參加人指民事訴訟法第四百十二條之參加人，與同法第五十八條之參加人不同。

注二〇　日本實務上亦採此見解，請參照石川著，第六一頁。

注二一　參照史尚寬著，前揭書第八一六頁。

　　成立之調解性質上屬私法上和解之性質有如上述，惟調解畢竟係在法院調解推事主持下依調解程序成立之合意，在調解過程中，包含有非訟行爲與私法行爲在其中，則在討論調解無效之原因時，調解程序上之瑕疵是否亦足影響調解之效力？非無疑問。吾人以爲調解與一般私法上和解未盡相同，其合意有在法院確定與公證之效果，並賦予與判決相同之效力(注二二)，則調解上之瑕疵，宜採肯定說，認有影響。又意思表示之瑕疵或調解內容瑕疵，亦足影響調解之效力，茲分述之：

　　(1)調解程序瑕疵之無效

　　調解程序之瑕疵構成無效之原因者，例如調解推事無推事之資格(注二三)。調解之當事人無當事人能力（注二四）。調解之當事人爲無完全行爲能力或未經合法代理（注二五）等情形是。茲須附帶討論者，在調解程序有無相當於訴訟程序之當事人不適格或選定當事人問題。就前者言(注二六)，某爭執之法律關係或權利，有多數法律上利害關係人存在，且此法律關係或權利對該多數人又屬必須合一確定時，如僅有其中之一人或數人聲請或以之爲相對人時，在理論上難以達成調解解決紛爭止訟之可能，此時調解推事應依第四百十二條規定，依職權命其他法律上利害關係人參加調解，如其仍不參加調解，則可認不能調解或調解顯無成立之望，以有第四百零三條第一項但書第一款事由，以裁定駁回調解之聲請，似不宜認係當事人不適格。倘調解推事不注意，使之成立調解，亦因參

注二二　嚴格言，應爲執行力（請參照〔貳〕，乙，㈡之說明）。

注二三　法院組織法並無調解推事之規定，惟調解事件既由地方法院受理，當由地方法院推事充任。調解推事無推事資格者，應認調解無效（參照小山著，第二九三頁。石川著，第六三頁。石川編，第二二〇頁）。

注二四　同說：小山著，第二九三頁，反對說：石川著，第六三頁謂非無效，僅於據以強制執行時得異議。

注二五　參照小山著，第二九三頁。惟如經取得能力之本人、取得法定代理權或允許權之人、法定代理人或有允許權之承認者，類推適用民事訴訟法第四十八條規定，應認爲溯及於調解時有效（參照石川編，第七八頁）。

注二六　關於調解當事人適格，請參照石川編，第八三頁。

與調解之人，就爭執之法律關係或權利無處分權而無效。就後者而言，關於選定當事人之法律上性質，學者多數說咸認係屬訴訟信託之一種，而訴訟信託除法律有特別規定者外，不得爲之，故在日本認於調解程序不適用選定當事人（注二七），如因此成立調解亦屬無效。

(2)意思表示瑕疵之無效

調解係私法上和解契約之一種，自須以意思表示爲要素，故如當事人於調解時，無意識能力(民法第七十五條第二項)，或調解之成立，係基於當事人之通謀虛僞意思表示者(民法第八十七條)，應認爲調解有無效之原因。

(3)調解內容上瑕疵之無效

調解內容上之瑕疵可構成調解之無效原因者，例如調解之內容不明確或不確定之情形(注二八)，調解之內容爲不能(注二九)、調解之內容違反公序良俗（注三〇）或法律之強制或禁止之規定（注三一）亦屬無效。

2.調解撤銷之原因

調解之合意，當事人之意思表示有瑕疵者，可構成調解撤銷之原因。例如當事人之意思表示係受強暴脅迫或被詐欺（民法第九十二條）（注三二)是。至意思表示有錯誤，亦民法總則之規定，雖亦得撤銷錯誤之意思表示(民法第八十八條、第八十九條)，惟在和解因民法第七百三十八條設有特別規定，從而因錯誤而成立之調解，以限於同條所列三款之情形爲限，始得撤銷。

注二七　參照石川編，第八三頁。

注二八　於此情形無法發揮調解之效力參照日本東京高等裁判所昭和三十四年九月三日決定（下級民集10-9-1863）。

注二九　參照日本最高裁判所昭和二十七年二月八日判決（民集6-2-63）。

注三〇　參照日本大阪簡易裁判所昭和二十七年十月九日判決（下級民集3-10-1435）。

注三一　參照日本神戶地方裁判所昭和三十二年十二月九日（調停時報17-2）。

注三二　參照石川編，第二二三頁。

㈡調解有無效或撤銷原因時之救濟

1.調解有無效原因之救濟

依第四百十六條第二項規定，調解有無效之原因者，當事人得向原法院提起宣告調解無效之訴，此之宣告調解無效之訴，其性質如何？實值推敲。有認係形成之訴者(注三三)。修正前民法總則第五十七條有關於宣告社員總會無效之訴之規定，實務上亦認該訴訟為形成之訴(注三四)。倘宣告調解無效之訴採形成之訴說，則提起此訴之訴訟標的為何種形成權？即屬疑問。或謂此訴訟標的為訴訟上之形成權，則此形成權之要件事實為何？是否為調解之無效？果爾，調解有無無效之情事，僅為宣告調解無效之訴之基礎事實或法律關係而已，非其訴訟標的本身，若又認調解有既判力，法院不得為與調解內容相抵觸之裁判，則宣告調解無效之訴殆無可能。此亦所以修正民法總則第五十七條廢除宣告社員總會無效之訴之理由(注三五)。吾人以為調解為私法上和解之一種。故調解有無效之原因時，該調解應屬自始的、當然的、確定的無效，無待法院以判決宣告使其失效。惟因此項無效之調解仍有形式上之調解筆錄存在，依第四百十六條第一項規定，復有執行力，不宜由一方當事人之意思，即否定其效力，但為保護當事人起見，當事人除得提起確認之訴，以資確定其法律關係外，立法上似可考慮准許債務人於債權人執調解筆錄聲請強制執行時，可提起債務人異議之訴以資救濟。否則在現行制度下，調解有無效原因時，在法院宣告調解無效判決確定前，其法律關係是否有效(注三六)？如為有效，與撤銷之訴有何不同？如為無效，何以有待法院

注三三　參照姚瑞光著，「民事訴訟法論」，民國七十三年十月版，第四三九頁。惟同著，民國七十六年六月版已有修正。

注三四　參照最高法院五十七年臺上字第四三四號、六十四年臺上字第二六二八號判例。

注三五　參照同條修正立法理由。

注三六　曹偉修著，前揭書，第一三三四頁，認調解縱有無效或得撤銷之原因，在未訴經宣告調解無效或撤銷調解以前，仍為有效。顯與法律行為無效，或

之宣告？或認宣告調解無效之訴爲確認之訴性質？均滋疑問。且依同條第四項規定，準用第五百條之規定，其提起宣告調解無效之訴，尙有應遵守不變期間之規定。當事人如未遵守不變期間時，該有無效原因之調解是否變爲確定的有效？恐亦屬疑問。

2.調解有得撤銷原因時之救濟

依第四百十六條第二項規定，調解有得撤銷之原因者，當事人得向原法院提起撤銷調解之訴。此撤銷調解之訴爲形成之訴之性質，固無疑問。惟提起形成之訴，當事人須有形成權之存在，且以該形成權之行使，須以訴訟爲之者始可。調解於成立時，如意思表示係受有強暴脅迫、詐欺或錯誤（限於有民法第七百三十八條但書情形）者，依民法規定得行使撤銷權撤銷該有瑕疵之意思表示，以消滅已成立之調解，但其撤銷權（形成權）之行使，祇須以意思表示向相對人爲之即可，殊無提起撤銷之訴之必要。可知，當事人無依調解有得撤銷之原因，逕行提起形成之訴（撤銷調解之訴）之可能。或謂此撤銷調解之訴之訴訟標的爲訴訟上之形成權，而非私法上之形成權，然此見解亦有商榷之處，蓋如認此訴訟之訴訟標的爲訴訟上之形成權，則此形成權之要件事實爲何？似又非回歸調解契約本身之有無得撤銷之原因？當事人有無撤銷權不可。而此撤銷權又不構成撤銷調解之訴之訴訟標的，僅爲其基礎事實或法律關係，果爾，當事人一經行使（民法上之）撤銷權後，法律關係是否仍不消滅，尙須法院之撤銷判決確定，始發生形成效果？即生疑問。如認以意思表示予以撤銷即生使法律關係消滅之效果，則如有爭執，係以確認之訴解決之問題而非提起撤銷調解之訴之問題。況依同條第四項規定，提起撤銷調解之訴，因準用第五百條之結果，其起訴尙須遵守三十日不變期間，而民法上撤銷權行使之除斥期間或爲一年或十年（參照民法第九十條、

撤銷之本質之意義有差距。且與其所論「若調解內容違反公序良俗、強制禁止之規定，在私法上原應自始無效，調解雖仍存在，但因調解而發生之法律效果係應無存在之可言」不無矛盾。

第九十三條)。則如當事人於逾一個月後，在除斥期間內是否仍得行使撤銷權？亦成疑問。足見五十七年修改之現行規定尙有值得研討之處(注三七)。吾人以爲調解有得撤銷原因者，撤銷權人仍依一般規定行使其撤銷權即可。如有爭執，可以確認之訴加以確定。惟因有調解之形式存在，且具執行力，爲保護撤銷權人之利益，立法上可考慮與上述調解無效之情形同，使債務人得提起異議之訴以資救濟。

〔參〕 結論

　　基於上面之討論，吾人以爲調解雖係在調解推事前所成立或藉調解推事之調解方案（裁定）而使當事人雙方默示的合意，均屬私法上和解之一種。惟因係在法院調解推事主持下作成調解，有公證、確認之性質，可賦予與判決相同之執行力。而調解有無效或得撤銷原因時，當事人雖得依一般規定主張其無效或撤銷之效果，但在法院成立之調解形式（調解筆錄或第四百十七條之裁定）及其執行力，尙不得任由當事人主張其已無效或撤銷而予否定，立法上應作適度之規定，準上認識，吾人以爲是否可將第四百十六條修正爲:「調解經當事人合意而成立；調解成立而須當事人履行者，有執行名義。前項執行名義，對於調解成立後，就該調解爲當事人之繼受人，及爲當事人或其繼受人占有所請求之標的物者，亦有效力。調解有無效或得撤銷之原因者，於有以該調解爲執行名義聲請強制執行者，債務人得於強制執行程序終結前，提起異議之訴。調解不成立者，法院應付與當事人證明書。」

注三七　姚瑞光著，前揭書，民國七十六年六月版,，第四六七頁注，對此亦有相當批評，但其意見與本文不盡相同。

論特別情事之撤銷假處分

要　目

論特別情事之撤銷假處分

〔壹〕前言

　　民事訴訟法關於保全程序設有二種制度，即假扣押與假處分制度。所謂假扣押係指債權人就金錢請求或得易爲金錢請求之請求，欲保全強制執行之制度(民訴法第五百二十二條)。其目的在使債權人於將來強制執行時，可以獲得金錢之滿足。而假處分制度則有二種，即爲債權人就金錢以外之請求，欲保全強制執行(民訴法第五百三十二條)，或於爭執之法律關係，有定暫時狀態之必要(民訴法第五百三十八條)，所爲之保全制度。假扣押之目的，既在保全將來金錢請求之滿足，因此債務人如能提供相當之擔保，於債權人將來債權之實現毫無影響，故民事訴訟法第五百二十七條規定：「假扣押裁定內，應記載債務人供所定金額之擔保後，得免爲或撤銷假扣押。」無待債務人之聲請，爲假扣押裁定之法院，即應依職權爲之。反之，假處分之目的，係在保全假處分標的物本身將來之強制執行，或定暫時之狀態，於此情形，並非恆得依金錢而得滿足其債權之請求，自不能準用假扣押之制度，准許債務人供擔保，免除或撤銷假處分。因之，民事訴訟法第五百三十六條規定：「非有特別情事，法院不得許債務人供擔保而撤銷假處分。」德國民事訴訟法第九百三十九條，日本民事訴訟法第七百五十九條均有相同之規定，其立法理由亦同（注一）。

注一　Baumbach-Lauterbach *Z.P.O.* 28 Auflage, s. 1606. 菊井維大編，「民事訴訟

〔貳〕「特別情事」之意義

何謂「特別情事」（Besonderen umstäden）法條並無列舉規定，我國判例及學說上，咸謂指債權人因撤銷假處分所受之損害，可得以金錢彌補，且不致因撤銷而喪失假處分之功效者而言（注二）。惟按公平與誠實信用，乃今日法律之指導原則。因之，債權人行使債權如違反公平或誠信原則（民法第二百十九條）時，自不能受法律之保障。而假處分程序，法院係依債權人一方之聲請，就其對於假處分之請求及假處分之原因所為之釋明，並依債權人片面之主張及其提出之證據決定對於假處分聲請之准駁，且對於釋明之方法，尚得以供擔保金補充之（民訴法第五百三十三條、第五百二十六條），債務人不得就債權人主張之實體上事由，作為對假處分裁定不服之理由。換言之，為假處分裁定之法院，並不審究兩造間實體上之爭執（參照最高法院二十年抗字第五號判例、六十二年臺抗字第五八一號裁定）。因之，此制度在基礎上，已予債務人以相當之不利（事後就擔保金所得之賠償，仍不足彌補涉訟所生精神上之損失），倘如債權人實施假處分之結果，其所得利益，與債務人因假處分所受之損害相較，債務人所受損害較為重大時，衡諸公平、誠信之原則，似應認屬此之所謂特別情事，而應准許債務人供擔保撤銷假處分。學者有謂：「特別情事之假處分撤銷，乃在衡量債權人與債務人間之利益下，基於公平而設者」（注三）；或謂：「所謂特別情事，乃由當事人間公平及

法」，（下卷），第三二六頁。

注二　判例：二十二年抗字第一七〇七號，四十六年臺抗字第八六號，四十八年臺抗字第八〇號。

學說：姚瑞光著，「民事訴訟法論」，第五三八頁。曹偉修著，「最新民事訴訟法釋論（下）」，第一七六五頁。王甲乙、鄭健才、楊建華合著，「民事訴訟法新論」，第六九三頁。張學堯著，「中國民事訴訟法論」，第四九二頁。

注三　林屋禮二著，「利益衡量の結果金錢補償可能と判斷した事例」，刊於別冊ジ

利害調節之觀點，而認依債務人提供之擔保，撤銷假處分爲妥當之情形。換言之，特別情事爲調節非依假處分將來之權利不得實現，或現在法律生活無以獲得之債權人利益，與被保全權利是否存在尚未確定，而債務人即須接受強制拘束而受不當之不利益間之指標。」（注四）實爲確論。

〔參〕金錢補償之可能性

　　從比較法制的觀察，假處分撤銷之特別情事，是否須以⑴假處分而被保全之權利得以金錢之補償達成其目的，並以⑵債務人因假處分而受有異常之損害爲必要？關於此點，向來有獨立說與併存說二種見解。採併存說者，認爲須上述二要件俱具備時，始得謂爲有撤銷假處分之特別情事。採獨立說者，只須具備上述二種情形之一時，即合乎撤銷假處分之特別情事。日本在大理院時代之判例及學說態度尚不一致，至其最高裁判所於昭和二十六年二月六日就昭和二十四年（才）第二三〇號工事禁止假處分撤銷聲請事件所爲裁判採獨立說後，判例及學說始歸一致，均採獨立說（注五）。我國判例及學說上，尚乏論及「債務人因假處分而受異常損害」得撤銷假處分者（注六）。

　　何種情形，假處分保全之權利，有「得以金錢補償之可能性」？參酌外國判例，於日常生活所常見者，約可得有如次之情形：

　　　ユリスト，No.22，一九六九年三月號，第一二五頁。

注四　原井龍一郎著，「金錢補償可能の判斷基準，申請事件における主張」，刊於前揭別冊ジユリスト，第一二七頁。

注五　松浦馨著，「假處分取銷のための特別情事の判斷と『金錢補償可能な事情』」，刊載於「別冊ジユリスト，判例百選」（第二版），一九六五年三月號第一三六頁。吉川大二郎著，「判例保全處分」，第四六一頁。兼子一著，「判例保全處分（下）」，第四六五頁。及前引林屋禮二、原井龍一郎著論文。

注六　參照注二。

甲、得以金錢補償而保全權利，足認有撤銷假處分特別情事者

㈠爲保全擔保物權之設定而爲之假處分

此種假處分之目的，旣在於保全擔保物權之設定，用以確保將來債權之受償，自得以供擔保金，獲得同等之滿足，而認有撤銷假處分之特別情事（注七）。

㈡爲保全詐害行爲之撤銷權而爲之假處分

此係債權人爲保全其依民法第二百四十四條規定撤銷債務人之詐害行爲，用以確保自己債權之實現之假處分，自得由債務人供擔保撤銷假處分，而不影響債權人債權之實現（注八）。

㈢依票據法施行細則第四條規定所爲之假處分

依票據法施行細則第四條規定所爲假處分之目的，係在使執票人（不得享有票據上權利或字據應受限制之執票人）不得背書轉讓或提示，用以保全票據債務人對執票人之權利，惟票據債務人之此項權利不能實現所受損害，無非與該票據面額同額及其利息之損害，此項損害旣得以金錢獲得補償，自應認有得爲撤銷假處分之特別情事（注九）。

㈣爲保全特留分扣減權而爲之假處分

應得特留分之繼承人，爲保全其特留分扣減權之行使，固得對遺產爲假處分。惟其假處分之目的，無非保全其扣減權，俾其特留分能夠滿足，且此項權利亦可用相當於特留分價值之金錢予以補償，故得認爲有撤銷假處分之特別情事（注一〇）。

注七　日本大判昭和十二年四月二十六日民集（4-9-17）；最判昭和二十七年十二月二十五日民集（6-12-1231）參照。

注八　日本大判昭和十二年七月六日評論二六民訴三三八，東京控判昭和十一年十二月二十六日新聞（4106-12）參照。

注九　臺灣高等法院六十四年度抗字第一〇八三號裁定。

注一〇　日本東京地判昭和三十四年二月四日下民集（10-2-245）參照。

乙、異常損害之特別情事

㈠對於業務之繼續有重大障礙之情形

　　假處分之結果，如對於債務人業務之繼續有重大障礙時，有時影響業務之存廢，而對債務人發生異常之損害。例如基於專利權而爲禁止生產之假處分時，往往會導致債務人業務之廢止，此時應認有特別情事，得以擔保金撤銷假處分(注一一)。又如爲建築發電所之建築工事材料搬運用道，對搬運用道建築之假處分，因嚴重影響發電所之建造，亦可認係對債務人異常損失之特別情形（注一二）。

㈡對系爭物件之價值有異常減少之情事

　　因假處分之結果，如使假處分之標的物本身，發生喪失價值之情形，爲保存標的物之價值，有時應認爲有特別之情事，而得以擔保金之提供，撤銷假處分。例如對建築已經進行相當程度之建物爲假處分時，工程進行停止之結果，將導致已建工程部分之腐蝕倒塌，應認爲有特別之情事，准其將殘存工事完成並使用，以合社會經濟目的之情形（注一三）。

㈢毀壞信用之情形

　　因假處分之結果，如有損壞債務人信用之情形，有時亦可認有撤銷假處分之特別情事。例如對於發展中之私立學校之校舍擴建工程所爲假處分，常使社會一般人對該私立學校之信賴感發生動搖，此時恆可認有特別之情事，而准供擔保撤銷假處分（注一四）。

注一一　參照兼子著，前揭書，第五三〇頁。

注一二　日本大刊昭和十三年二月二十八日評論二七民訴一三四參照。

注一三　日本東京控判大正十二年一月二十六日新聞(21-23-20)、東京地判昭和二十三年十二月二十八日總覽民 (2-249)、東京地判昭和二十四年三月十一日總覽民 (3-322)，東京高判昭和三十二年十月三十日東京時報 (8-10)民255參照。

注一四　日本東京控判昭和十一年五月二十九日新聞(442-10)、大阪地判昭和三十三年二月十五日下民集 (9-2-225)、橫濱地判昭和三十三年十一月二十一日下民集 (9-11-2306) 參照。

最高法院六十三年度臺抗字第一四五號裁定曰:「惟查依卷附契約書第十三條載，再抗告人如不能供地建築時，應賠償林○○等一切損失等語，又依再抗告人提出林○○等訴請再抗告人履行契約事件之一、二審判決記載，林○○等之聲明爲求判命再抗告人供地建築，預備聲明請求賠償新臺幣二百十二萬元。似此情形，林○○等（債權人）因撤銷假處分所受之損害，非不可以金錢彌補，與民事訴訟法第五百三十六條所謂有特別情事尙屬相當，原法院未加注意，遽將臺灣○○地方法院之裁定廢棄，駁回再抗告人所爲撤銷假處分之聲請未免速斷……」。似認債權人於有預備聲明請求損害賠償時，即合於以金錢補償而得撤銷假處分之特別情事。

〔肆〕 結論

綜之，吾人於判斷撤銷假處分之特別情事是否存在，不能僅就債權人被保全之權利，從其形式上加以判斷，並應斟酌其權利行使之目的、標的物之性質、雙方當事人之身分地位、經濟能力、及損害內容發生之可能率，衡量雙方當事人利益之綜合結果，依自由心證加以判斷始可(注一五)。

注一五　參照林屋禮二及原井龍一郎著，前揭論文，日本東京地判昭和二十六年五月二十一日，下民集 (2-5-673)。

※本文原刊載於「法令月刊」第二十六卷第十二期

論查封之效力

要　目

論查封之效力

〔壹〕前言

　　金錢債權之強制執行，除由執行法院將債務人占有中之金錢直接強制取交債權人以供清償外，通常須先凍結債務人金錢以外之財產（或財產權），然後將之變價，最後將變價所得之金錢，對債權人為清償，以滿足其債權。而凍結債務人財產（或財產權）之強制執行手段，對動產或不動產即為查封（第四十五條、第七十五條）（注一），其他財產權則發扣押或禁止命令（第一百十五條至第一百十七條）。司法院強制執行法研究修正委員會正在研究修正強制執行法之際，擬就現行法關於查封效力之若干問題，提出檢討，或可供參考。

〔貳〕關於查封效力發生之時期

　　查封於何時發生效力，實務上及學者一般通說咸謂查封於查封完畢（或完成）時，發生效力（注二）。惟查封由強制執行行為開始至完成查封之行為，其間尚有一段距離，倘謂查封之效力發生於完成查封行為之

注一　本文中關於強制執行法部分，祇引用條文，不另注明強制執行法。
注二　參照陳世榮著，「強制執行法註解」，民國七十七年版，第二七六頁。耿雲卿著，「強制執行法釋義(上)」，民國六十八年版，第一七八頁。駱永家著，「民事法研究(二)」，一九八六年，第一七三頁。

時點，則在開始查封行爲(例如債權人已指封債務人之某動產或不動產)後，未完成查封行爲前(例如尚在塡寫封條，尚未將封條標封或揭示前)，債務人與第三人就指封之財產爲處分時，其效力如何? 即成疑問。爲避免爭議，吾人以爲: 查封之效力，應於執行法院完成查封時 (注三)，溯及於開始查封強制執行行爲時發生效力較妥。又依第十一條第一項規定，供強制執行之財產權，其取得、設定、喪失或變更，依法應登記者，爲強制執行時，執行法院應即通知該管登記機關登記其事由。但此囑託爲查封登記程序，並非關於查封效力之要件 (注四)。

〔參〕查封對於債務人之效力
(查封效力之主觀範圍㈠)

債務人之財產 (或財產權) 經執行法院執行查封後，對於債務人發生如何之效果? 分述如下:

甲、查封財產 (或財產權) 之所有權尙不因而變動

查封債務人之財產，僅在凍結債務人對於其所有之財產作任何之處分，在未進一步由法院代爲處分其財產，並供償其債務之前，仍不喪失其所有權。故在查封期間，債務人之財產如有毀損滅失等危險，其危險仍由債務人自己負擔。財產之毀損滅失，由債務人之故意過失所致者，爲其是否有違反查封效力行爲，應否受刑事處分(刑法第一百三十九條)問題。如係由第三人之故意過失所致，應由第三人負損害賠償責任者，該代位物 (或賠償金) 是否仍受查封效力所及，強制執行法未有如民法

注三　所謂完成查封，應指執行法院依查封方法(第四十七條、第七十六條)，完成其行爲而言。
注四　參照最高法院五十一年臺上字第一八一九號判例。

第八百八十一條類似之效力規定，學者見解並不一致（注五）。按查封物因第三人之故意過失而毀損滅失時，第三人對債務人應負損害賠償責任。如採肯定見解，認查封之效力及此，則不僅代位物（或賠償金）爲查封效力所及，該損害賠償請求權自應亦爲查封效力所及。如此於第三人不知其加害之財產已被查封，而向債務人爲賠償時，其淸償之效力如何將成爲問題。故解釋上，宜認於債務人已取得之代位物（或賠償金），始爲查封效力所及。從而，如第三人尙未賠償，而執行債務人之他債權人聲請查封債務人對該第三人之損害賠償請求權時，應不發生二度查封禁止原則之適用。

乙、查封財產處分權之限制

查封最大之作用，在凍結債務人對於財產之處分權，故強制執行法第五十一條第二項規定，實施查封後，債務人就查封物所爲移轉或設定負擔行爲，對於債權人不生效力。即在限制債務人對於查封物處分權之行使。物權法上關於財產之處分，固分事實上之處分與法律上之處分二種。查封後，債務人對查封物不得爲事實上之處分。爲防止債務人有對查封物爲事實上之處分，強制執行法第五十九條第一項規定：查封之動產，應移置於該管法院所指定之貯藏所，其不便搬運或不適於貯藏所保管者，執行法院得委託妥適之保管人保管之。認爲適當時，亦得以債權人爲保管人。原則上查封物不由債務人保管，以減少其爲事實上處分之機會。同條第二項復規定：查封物除貴重物品及有價證券外，經債權人之同意，得使債務人保管之。債務人爲保管時，應諭知刑法所定損壞、除去或汚穢查封標示或爲違背其效力之行爲之處罰。例外情形使債務人得保管查封物，但須加以諭知處罰之規定，促其注意不得爲事實上之處分行爲。至法律上之處分，則明文規定，其移轉或設定負擔行爲對於債

注五　參照楊與齡著，「強制執行法論」，民國七十五年版，第四一五頁。

權人不生效力。足見強制執行法對於債務人所為違反查封效力之（法律上）處分行為，係採相對的無效主義（注六）。即其處分行為於債務人與第三人間係屬有效，惟不得對抗債權人。換言之，債權人可以主張其處分行為為無效，以排除其處分行為之效力，但債權人如予容忍時，其處分行為仍屬有效。有疑問者，強制執行法第五十一條第二項所稱債權人之意義為何？是否單指聲請強制執行之債權人？學者對此意見不一（注七）。有採個別的相對效力說，謂條文所稱債權人係指個別對其執行前之債權人之查封而言。換言之，僅對被處分查封物查封時之執行債權人（第一執行債權人）得主張債務人之處分行為無效。至被處分查封物後始參與分配之債權人（第二執行債務人）於第一執行債權人對債務人主張該處分行為無效時，固得均霑其利益，但如第一執行債權人不為主張（例如第三人代債務人清償第一執行債權人之債務撤回強制執行或撤銷該查封物之查封）時，第二執行債權人則不得主張。於此，對第三人雖屬有利，但就債權人平等原則言是否妥當，頗有疑問。又此之第一執行債權人是否限於有執行名義之債務人？無執行名義之債權人（強制執行法第三十四條第二項）是否包括在內？吾人以為縱令採個別的相對效說，亦應限於有執行名義之債權人。蓋聲請強制執行之債權人，其查封僅得在滿足其債權之範圍內為之（參照強制執行法第五十條），並無為他債權人債權之實現而為查封之目的。法律准許他債權人之參與分配，係因債

注六　關於債務人違反查封效力所為處分查封物之行為，其效力如何，有絕對無效說與相對無效說。學者見解亦未一致，實務上採相對無效說（參照最高法院二十二年上字第五四六號、四十四年臺上字第五六二號、五十一年臺上字第一五六號判例）。六十四年修正強制執行法時，始予明文規定。

注七　參照楊著，第四一四頁。陳著，第二二七頁。陳榮宗著，「強制執行法」，民國七十七年版，第三四二頁。新堂幸司、竹下守夫著，「論基本判例から見民事執行法」，昭和五十八年版，第一五七頁。浦野雄幸編，「民事執行法」（基本コンメンタール，昭和六十一年版），第一三九頁，香川保一監修，「注釋民事執行法(3)」，昭和五十八年，第一〇〇頁。三ケ月章著，「民事訴訟法研究」，第三卷，昭和四十九年，第三一三頁。

務人已別無其他財產可供強制執行，基於債權平等之原則，而准其參與
分配（注八）。反之，採程序的相對效說者，則謂執行債權人查封後，債
務人就查封物所爲處分行爲，無論對處分行爲時之執行債權人抑其後參
與分配之執行債權人均屬不生效力。換言之，在查封效力存續期間，債
務人所爲處分行爲，對全體執行債權人均屬不生效力。日本實務上有採
個別的相對效說者（注九），亦有採程序的相對效說者（注一〇），惟學者謂，
實務上傾向採個別的相對效說（注一一）。我國實務上見解如何，尙無判例
可循（注一二），學者有主張應採程序的相對效說者（注一三）。司法院七十
九年十月編印「強制執行法修正草案初稿條文暨說明」擬將強制執行法
第三十三條修正爲「對於已開始實施強制執行之債務人財產，他債權人
再聲請強制執行者，已實施執行行爲之效力，於爲聲請時及於該他債權
人，應合併其執行程序，並依前二條之規定辦理」。其修正理由之說明

注八　參照強制執行法，第三十三條，第三十四條第二項。第三十三條雖僅規定「對
　　　於已開始實施執行之債務人財產，他債權人不得再聲請強制執行，有再聲請
　　　強制執行者，視爲參與分配之聲明」，似不以債務人無其他財產可供強制執行
　　　爲其參與分配之要件，惟如債務人尚有其他財產可供強制執行時，有執行名
　　　之債權人不聲請逕對其他財產強制執行，而參與他人強制執行之分配，實有
　　　鼓勵不勞而獲之嫌，立法上宜加明文限制。

注九　例如日本大審院：大正三年十二月二十四日（民錄20—1116），最高裁判所：
　　　昭和三十九年九月二十九日（民集18—7—1541）判例。

注一〇　例如日本大審院：昭和六年十二月八日（法學1—4—533），昭和九年十二
　　　月十一日（民集13—2337）判例。

注一一　參照浦野編，第一四一頁。新堂、竹下編，第一五八頁。

注一二　最高法院五十一年臺上字第一五六號判例謂：「所謂債權人非僅指聲請執
　　　行查封之債權人而言，即參與分配之債權人，亦包括在內。」經查其原判決
　　　全文（最高法院七十二年五月版，民國五十年至五十一年，「最高法院民刑
　　　事判例全文彙編」，第五四五～五四七頁）所敍事實，固謂訴外人鄭某之聲
　　　請參與分配係在上訴人領取核准變更建築人名義之後，但向工務局請准變
　　　更查封之建築人名義並非查封物（房屋）所有權移轉之登記，根本不發生
　　　所有權變動之效果，自不發生處分行爲效力問題，故依該判例意旨，尚難
　　　斷定其係採程序的相對效說。

注一三　參照陳著，第二二七頁。

三謂:「前後各債權人之執行程序旣經合併,其在前者所實施執行行爲之
效力,自應及於其後之加入者,惟本法係採查封相對無效主義,債務人
就查封物所爲有礙執行效果之處分行爲,僅對於執行債權人不生效力,
即不得對抗執行債權人而已,並非絕對無效。因之,各債權人之強制執
行如有先後之分,則債務人所爲不得對抗債權人之行爲,其發生效力之
起點各異,爰明定『已實施執行行爲之效力』,『於他債權人爲聲請時,
及於該他債權人』。期臻明確。」云云(注一四)似欲採程序的相對效說。
惟就修正條文定爲「已實施執行行爲之效力,於爲聲請時及於該他債權
人」觀之,實易被誤解爲第一債權人所爲查封行爲之效力,於第二債權
人聲請強制執行時,及於該第二債權人。故就第二債權人言,查封效力
之起點,仍在其聲請強制執行之時,而非查封之時。而認係採個別的相
對效說。準此似未達修正「期臻明確」之效果。就債權人公平之原則言,
採程序的相對效說爲佳(注一五),修正意旨,固爲吾人所贊同,但修正文
字,仍有待斟酌。再查封物爲動產時,第三人之受讓債務人所爲違反查
封效力所爲處分之動產時,第三人對債權人可否主張民法第八百零一條
所定即時取得之適用?學者及實務上皆採否定見解。惟就查封不動產之
處分,如囑託查封登記在爲處分之所有權移轉登記之後者,其效力如何?
實務上先後意見不同。初則認爲:「債務人於不動產查封前,已依民法第
七百七十條以書面爲不動產之移轉,並於查封前聲請地政機關爲所有權
登記,雖地政機關遲至查封後始爲登記完畢,究與債務人於不動產查封
後,始將所有權移轉於第三人之情形有別,除其雙方通謀所爲意思表示,
或有其他無效之原因外,縱係有害於債權人之行爲,在債權人提起撤銷
之訴,得有勝訴判決以前,仍不失其效力,債權人不得僅以登記完畢在

注一四 參照司法院印頒「強制執行法修正草案初稿條文暨說明」(民國七十九年十月),第五三~五六頁。
注一五 參照三ケ月章著,前引注七。

後，即認爲無效，而訴請塗銷登記(注一六)。」嗣認：「依本院五十年臺上字第九二九號判例所示之見解，執行債務人之不動產給法院查封後，執行債務人對之所爲處分行爲，對於債權人固不生效力，但非謂查封後辦妥之移轉登記係屬當然絕對無效。故在尚未塗銷登記之前，第三人移轉登記取得之所有權，尚不失其效力。此與本院五十年臺上字第二〇八七號判例意旨所示債務人之不動產移轉登記在法院查封以後，債權人得主張債務人此項處分行爲爲無效而訴請塗銷其所有權移轉登記，尚無衝突……至本院五十三年四月二十一日民、刑庭總會決議有關塗銷登記之決議，與上開五十年臺上字第二〇八七號判例意旨不符，以後不再適用。」（注一七）不認信賴登記之善意第三人得主張土地法第四十三條所定登記有絕對效力之保護。惟其所爲登記尚非絕對無效，而僅有塗銷之原因，在未經債權人訴請塗銷以前，仍難謂第三人尚未取得所有權（注一八）。

丙、查封財產用益權之限制

　　查封之財產如爲動產，原則上不交由債務人保管，已如前述，故債務人自無從使用收益，至於查封之財產交由債務人保管者，法律對此未設特別規定，參照司法院院字第一二九九號解釋，似採相對的肯定說，認在不違背查封之目的範圍內，可以管理使用。吾人以爲查封之動產如加使用收益，通常會使動產之價值減損，不宜認債務人可對之使用收益，惟有些動產性質上如相當期間不使用反易使動產之價值減損者，例如在使用中之機器，爲保持機器之價值，似宜解爲得許其使用收益。惟其所收取之收益，自應爲查封效力所及(第五十一條)。查封之財產爲不動產

注一六　參照最高法院五十三年四月二十一日民刑庭總會決議。同院五十二年臺上字第一五一一號判決意旨亦同。

注一七　參照最高法院六十六年十月十八日民庭庭推總會決議。六十八年臺上字第三〇七號判例。

注一八　參照最高法院五十年臺上字第九六號判例。

者，依第七十八條規定：「已查封之不動產，執行法院得許債務人於必要範圍內管理或使用之。」按不動產之使用，通常較不致損害不動產之價值，故法院得許債務人於必要範圍內管理使用。惟管理行為是否包括不動產之出租行為？實務上意見則先後不同，初則謂出租非處分行為，債務人於查封後仍得為之（注一九）。嗣則謂債務人於查封後，依本法第七十八條反面解釋，不僅喪失處分權，亦喪失其管理、使用、收益之權，且出租行為，影響查封物之拍賣及點交，有礙執行之效果，債務人自不得為之（注二〇）。參酌司法院院字第一二九九號解釋意旨，宜就出租之個案，分別觀其有無礙於查封之目的決之（注二一）。

〔肆〕查封對於債務人以外第三人之效力 （查封效力之主觀範圍(二)）

甲、查封對於他債權人之效力

債務人之財產係無擔保債權人債權之總擔保。執行債權人查封債務人之財產，並不取得優先受償之權（注二一）。雖本法第三十三條規定：「對於已開始實施強制執行之債務人財產，他債權人不得再聲請強制執行。」換言之，法律雖禁止二度查封，但該有執行名義之債權人強制執行之聲請，視為參與分配（注二二）。無執行名義之債權人如釋明債權人已無其他

注一九　參照最高法院四十五年臺上字第三號判決。
注二〇　參照最高法院五十一年臺上字第一八六三號判決。
注二一　德國民事訴訟法（第八篇強制執行）第八百零四條規定：債權人因查封取得就查封標的物（gegenstunde gepfändeten）之質權（pfandrecht）。關於債權人競合時，金錢債權之強制執行如何解決，立法上有：優先主義、平等主義、群體優先主義。詳請參閱陳著，第四〇〇頁以下。
注二二　此條規定在解釋上，應作嚴格解釋（請參照注八）。

財產可供強制執行，亦得提出債權之證明聲明參與分配，惟債權人及債務人得加異議耳（參照第三十四條）。第「他債權人參與分配，應於標的物拍賣或變賣終結前，其不經拍賣或變賣者，應於當次分配表作成前，以書狀聲明之」（第三十二條第一項），足見我國亦非採債權人絕對的平等主義。又本法因採禁止二度查封主義，故縱二種不同目的查封亦在禁止之列(注二三)。例如債權人為保全非金錢之請求所為假處分之查封行為後，其他金錢請求之債權人，仍得請求就該查封物為金錢請求之本案強制執行（注二四）。

乙、對於第三人占有查封物之效力

第三人如非原執行名義所及之人(注二五)，法院原不得執原來之執行名義對第三人強制執行。惟經實施查封後，第三人未經法院允許，占有查封物或為其他有礙執行效果之行為者，執行法院得依聲請排除之（第五十一條第三項）。故查封物債務人縱得為使用收益，債務人因而允許第三人占有、或第三人未得債務人同意而無權占有、或為其他有礙執行效果之行為，倘第三人之占有或妨礙執行效果之行為未得法院之允許，均得依債權人或拍定人之聲請而排除之。債權人或拍定人聲請執行法院排除之執行名義，並非原強制執行之執行名義，而係本法第五十一條第三項所定之執行名義，係屬強制執行事件所衍生之另一執行事件，修正草

注二三　惟假處分之目的不一，例如於假處分之債權人對假處分標的之所有權與債務人有所爭執，而予假處分之情形，債務人之他債權人，殊不宜就假處分標的物請求為金錢債權之本案強制執行，否則不足以保護假處分債權人之權利。

注二四　參照最高法院七十四年臺抗字第五一○號判例。

注二五　執行名義效力所及之第三人，依現行法，除民事訴訟法第四百零一條、公證法第十一條第二項有規定，於以判決或公證書為執行名義者外，其他執行名義之效力是否及於當事人以外之第三人則有疑問。日本民事執行法第二十三條，德國民事訴訟法第七百二十七條至第七百二十九條設有規定。強制執行法修正草案初稿第四條之二，仿德、日之例，加以明文規定。

案初稿第五十一條第三項規定爲「得依職權」排除，私權之保護有無依職權干涉之必要？不無疑問。

〔伍〕查封效力之客觀範圍

查封之效力及於被查封之財產（或財產權）固無疑問，惟其效力是否及於下列範圍？則值討論：

甲、查封物之成分及從物

不動產之出產物，尚未分離者，爲該不動產之部分（民法第六十六條第二項），故查封不動產時，不動產上如有未經分離之樹木、稻禾等出產物，解釋上，該出產物既爲該不動產之部分，自應爲查封之效力所及。惟有收取天然孳息權利之人，其權利存續期間內，取得與原物分離之孳息(民法第七十條第一項)。此項孳息所有權之取得，解釋上又認係原始取得之一種，如出產物之收取權人並非債務人時（例如債務人將土地出租他人種植果樹），則於出產物與不動產分離時，又屬第三人所有。是否宜認查封效力及於該土地之出產物，而令第三人再另對之提第三人異議之訴之必要(注二六)？殊值推敲。又主物之處分，及於從物(民法第六十七條第二項)，故學者有主張查封之效力及於從物者(注二七)。惟從物仍爲獨立之物，僅因其常助主物之效用又同屬債務人所有，故規定主物之處分及於從物以杜爭議。於此情形，法院自宜一併查封而拍賣之。如未

注二六　在出產物與不動產分割前，有收取孳息之第三人可否提起第三人異議之訴？依最高法院七十四年三月五日民事庭會議決議，採肯定說，依學者陳世榮先生意見則認「天然孳息自始（即收割前亦包括在內）全部之所有權歸屬於該收益權利人」（參照陳著，第一七六頁注一）。果爾於此情形，查封之效力，應不及於未分離之出產物。

注二七　參照楊著，第四一四頁。

經對從物查封，能否因主物之處分及於從物，而謂該從物亦在查封效力範圍之內，吾人則持懷疑態度。似應於修正時，一併加以規範。

乙、查封物之孳息

本法第五十一條第一項規定：「查封之效力及於查封物之孳息」。則查封物之孳息在查封效力範圍之內，應無疑問。惟孳息依民法之規定，分天然孳息與法定孳息二種(民法第六十九條)。於天然孳息，倘債務人對於查封物之天然孳息無收取權，則查封之效力應不及於該天然孳息。縱令法院一併予以查封，收取權人亦得對之提起第三人異議之訴 (注二八)。至法定孳息，縱債務人對之有收取權，惟法定孳息係因法律關係所得之收益，為債務人基於法律關係對於第三人之請求權，例如債務人將所有房屋出租收取租金之情形，則法院所為查封之效力，能否及於法定孳息，而直接得向第三人請求給付法定孳息即不無疑問。況此時本法另定有對於其他財產權之執行之規定(第一百十五條至第一百十七條)，可否因查封而超越此規定，遽認當然及於法定孳息？實務上曾採肯定說(注二九)。惟第三人畢竟非執行名義效力所及之人，尚難僅因其對查封物與債務人因某法律關係，而有支付（法定孳息）義務，即謂效力及於第三人。修正草案初稿將其修正為「天然孳息」，至為適當。

丙、查封物之代位物

查封物滅失時，如因滅失而得受有賠償金時，查封之效力是否及於該賠償金或代位物？學者有認宜比照查封之效力及於查封物天然孳息之規定處理者(注三〇)。惟如前所述，在賠償義務人提出賠償給付前，單就賠償請求權如認在查封之效力所及，則將擴大執行名義之效力及於第三

注二八　參照注二六。

注二九　參照最高法院五十四年臺上字第一一五九號判決。

注三〇　參照楊著，第四一五頁。

人，似有不宜。故吾人主張僅能以賠償義務人已提出之給付者爲限，認爲查封之效力所及。

丁、因查封所生之其他法律效果

查封有禁止債務人處分查封物之效果。如所查封者爲債務人所有之不動產應有部分，共有人得否分割共有物？按共有物之分割，有消滅共有關係之效果，同時共有人相互間負出賣人之責任（民法第八百二十五條），性質上屬於處分行爲，故原則上於查封期間內，共有人不得爲協議分割，俾免有礙於查封之效果。惟查封物係經法院判決分割者，實務上認其無礙於查封之效力，故得爲裁判分割之請求(注三一)。又於設定最高限額抵押權之情形，抵押物如經法院查封時，發生最高限額抵押權所擔保之原債權因而確定之效果，最高限額抵押權人於查封後對債務人取得之債權，即不在抵押權效力所及之範圍內（注三二）。

〔陸〕 結論

基於以上的討論，吾人可知查封效力之問題，在理論上及實務上有諸多問題，值得檢討。本次修正草案初稿，部分已加修正，而仍有待解決或未能解決之問題亦存在，有待吾人之繼續努力。又在檢討查封之效力，對於嚴苛 (Härte) 之執行，有無仿德國民事訴訟法第七百六十五條之a關於執行限制 (Vallstreckungsschutz) 之規定之必要？對於嚴苛之執行所爲查封之效力如何（注三三）？亦有併予研究之價值。

注三一　參照最高法院六十九年七月二十九日民事庭會議決議。
注三二　參照日本民法第三百九十八條之二。
注三三　關於德國嚴苛執行問題，石川明著，「ドイツ強制執行法研究」，昭和五十二年，成文堂，第一七頁以下有專論，可供參考。

※本文原刊載於「法令月刊」第二十六卷第十二期

我國固有典習慣與民法典權之比較

要　　目

〔陸〕典權之消滅

　甲、回贖

　乙、找貼

〔柒〕結論

我國固有典習慣與民法典權之比較

〔壹〕前言

　　債權係債權人基於債之關係，得向債務人請求給付之權利（民法第一百九十九條第一項）。故當事人依契約自由之原則，在不違背公序良俗之範圍內，得創設任何內容之債權。但物權為直接支配一定之物，而享受利益之排他的權利，有對世之效力。故自德國普通法以來，各國法制大都採「法律限定主義」（注一）（numerus clausus, Beschlossenheit des dinglichen Rechts）。民法第七百五十七條規定：「物權，除本法或其他法律有規定外，不得創設。」蓋亦採取法律限定主義。惟在前清變法接受西歐法律思想以前，我國舊律雖有「戶婚田土」關於民法之思想（注二），然對於現代法學上有關債權與物權之性質不同，應予區別之思想，似不明顯。故關於物權亦採契約自由之原則，而得由當事人加以創設（注三）。因此，研究固有典權制度，尤其是關於典權之內容及其性質，除律例有規定者外，因各地習慣、當事人所訂典契內容不同，實難一如現行民法之規定，可作一明確之討論。但典權制度既為我國固有制度，本文仍

注一　參照史尚寬著，「物權法論」，民國四十六年，第七頁。

注二　參照奧村郁三著，「戶婚田土の案」，關西大學「法學論集」，一七卷，五號，一九六八年。

注三　參照黃錚著，「中國不動產典權論」，連載於「臺法月報」，三一、三二卷，昭和十二、十三年，以下簡稱黃錚著，三一卷，七期，六四頁。

願就固有律例、典權習慣及典契，用現代法學觀點來與現行民法所定典權比較研究。至典制度之中外比較法制研究，因限於篇幅不在本文論述範圍（注四）。

〔貳〕 典權之意義及其性質

甲、總說

在前清變法以前，我國法制除身分關係外，對於民商事法律關係，向採自由放任主義。故現代法上關於債權與物權有別之觀念，在固有法及習慣上似乎不存在。加以國土廣闊，種族複雜，交通不便，因之各地習慣至爲雜亂，往往同一內容性質之法律關係，其所用名詞不同；相同之名詞，其法律關係有時並不相同（注五）。惟物權就現代法概念言，具有排他之性質，如任當事人自由創設，有礙於第三人之權益。故變法以來，亦仿各國先例，漸採法律限定主義。第一次民律草案（宣統三年九月五日前清修訂法律館稿）將物權限於所有權、地上權、永佃權、地役權、擔保物權（包括抵押權、質權、土地債務、不動產質權、動產質權四種）及占有六種（注六）。不動產登記條例（注七）第三條第一項規定，

注四　關於中外典權法制比較，請參照陳棋炎著，「關於吾國近代典習慣之研究」，載於「社會科學論叢」，二輯，民國四十年，以下簡稱陳棋炎論文。陳榮宗著，「典權與外國不動產質權之比較研究」，載於「法學叢刊」，九〇期，民國六十七年，以下簡稱陳榮宗論文。黃鋒著，三一卷，一一期，第二二頁。

注五　參照黃鋒著，三一卷，七期，第六〇頁。

注六　參照「中華民國民法制定史料彙編（上）」，司法行政部編，民國六十五年，第六六九頁以下。當時未將典權列爲物權之一種，據學者研究，謂係受起草人日法儒松岡義正及岡田朝太郎氏之影響。彼等誤認典權爲擔保物權將典權歸入不動產質權中。此思想又曾一度影響大理院解釋（四年統字第二二六號），而逕認典權爲不動產質權。嗣於大理院所頒判解例要旨匯覽例言中乃明示典權爲中國固有之特種獨立物權與不動產質有別（參照倪江表著，「民法物

應行登記之不動產爲所有權、地上權、永佃權、地役權、典權、抵押權、質權、租賃權八種。同條例第四條又規定「習慣相沿之物權，其名稱與前條第一項所列不符，依其性質得認定爲一種者，應從其性質，仍添注原有名義。若不能認定者，應從原有名義登記」。第二次民律草案（注八）則將物權種類規定爲：所有權、地上權、永佃權、地役權、抵押權、質權（又分爲動產質、不動產質）、典權、占有八種。由兩次民律草案比較觀之，第二次民律草案廢除擔保物權名稱，刪去擔保物權中土地債務之規定，加入典權之新規定，使典權脫離不動產質之錯誤觀念。至此典權在法律上之地位，始告確定。

乙、典之意義

「典」字在古時爲三墳五典五常之用。其意義爲：經也、常也、法也。有時寫爲敟或笧。敟笧字形雖異，但字義與典字同。故古時典猶職守，官有典屬國之官，又有典吏、典守之職官，然尙無以典爲典借之用者。至「後漢書」始有「虞所賚賞，典當胡夷」之說（注九）。此爲「典當」二字首現於典籍。可知「典」制度在漢朝業已存在，其後始廣泛被流用，而多散見於詩文。例如李洞送賈島詩有「琴典在花村」，宋‧戴復古詩中有「絲未落車圖贖典」，及清‧厲鶚樊榭山房移居詩有「半宅從人典」之吟詠。典由固有之經、常、法之意義變爲轉義，謂「囊內錢空，無以治事，則轉而謀諸所有之物，以所有而匡救其所無，亦轉計之善也」（注一〇）。故清律注曰：「以價易去，約限贖回，曰典；此仍還原價者，

<hr>

權論」，正中書局，民國五十四年，第二一四頁。黃鏵著，三二卷，一期，第一一五頁以下。黃右昌著，「民法物權詮解」，民國五十年，第三四四頁）。

注七　「中華民國民法制定史料彙編（下）」，第七二頁。該條例係民國十一年五月二十一日公布。

注八　該草案係民國十四年修訂法律館稿，見注七書，第二〇五頁。

注九　「後漢書」（卷一百三），列傳第六三，劉虞、公孫瓚、陶謙傳。

注一〇　參照「臺灣私法附錄參考書」，第一卷中，臨時臺灣舊習慣調查會，明治四

如典田宅之類也。」(注一一)

在固有習慣上，典之稱謂，或「典賣」並用；或「典當」合用；或「典質」並稱。茲簡述如次：

㈠「典賣」並用者

例如「唐書」(卷一五，本記一五憲宗記下) 有：「應賜王公、公主、百官等莊宅、碾磑、店鋪、車坊、園林等，一任貼典貨賣。」此為典賣二字並用之始。其後五代冊府元龜中，引用後周開封府奏文略稱：「卑幼不問家長便將物業典賣倚當者，或雖是骨肉，物業自己不合，輒敢典賣倚當者，所犯人重行科斷，其牙人錢主，並當深罪。」宋刑統 (卷一三) 戶婚律引略稱：「應典倚當物業，先問房親，次問四鄰，房親著價不盡，亦任就得價高處交易。」元律：「諸典賣田宅，從有司給據立契，買主賣主隨時赴有司推收稅糧……。」明律：「凡典賣田宅不稅契者，笞五十。」(注一二) 清律：「凡典買田宅不稅契者，笞五十。」(注一三) 由元、明、清律規定觀之，典賣之客體為不動產，典與賣意義雖有不同，但典與買 (或賣) 為同種之法律關係 (注一四)。

㈡「典當」二字合用

「後漢書」有「虞所賚賞，典當胡夷」之說，為「典當」二字合用之始。清戶部則例置產投稅條：「民人典當田房，契載年分統以十年為限。」民國四年清理不動產典當辦法，均將「典當」二字合用。法令所定典當客體，似亦為不動產。

㈢「典質」二字併稱

十四年，以下簡稱「臺灣私法參考書」，第一二四頁。

注一一　清律、戶律、婚姻門、典雇妻女條注。

注一二　元、明律引自薛允升撰，「唐明律合編(二)」，民國五十七年，商務，第二六五頁。

注一三　清律、戶律、田宅門、典買田宅條。

注一四　黃右昌著，三四一頁。李肇偉著，「民法物權」，民國五十九年，第三二二頁。

「舊唐書」(卷一四〇) 盧群傳謂:「節度使姚南仲歸朝, 拜群天成軍節度……先居鄭州, 典質良田數頃。」是爲「典質」二字併稱之始。其後「五代會要」中, 引後周開封府奏文略稱:「其有典質倚當物業, 仰官牙人業主及四鄰人同署文契。」(注一五) 又「金史」大定十三年上謂宰相曰:「聞民間質典利息, 重者五、六分, 或以利爲本, 小民苦之」(注一六), 亦典質並稱。惟律文上尚未見有典質並用之規定。

我國在前清變法之前, 物權關係仍採自由放任主義, 律例對於各種物權之構成要件, 並未加以規定, 以致難以由其所用文字判斷其法律關係。就屬典權法律關係之物權名稱而言,在各地習慣上有稱爲「押」、「乾」、「權」、「推」、「頂」、「歸」者 (注一七)。在臺灣有時「典」與「胎」混用, 有時「胎典」併用之 (注一八)。

丙、典權制度形成之原因

依據學者之研究, 我國土地私有制度, 雖在戰國時代業已存在(注一九)。但一般人民對於不動產私有之權利觀念甚爲薄弱, 尤其王莽一度以嚴刑回復王土之制, 王土觀念深植民心。因之, 往往不敢將土地公然視爲自己之私有財物而爲買賣行爲。加以在重農社會生活程度甚低, 男耕女織在在與土地有不可分離之關係。因此, 縱有不得已之情事而須處分土地, 亦仍希望將來有辦法時, 尚可回復其原有土地。典權制度即在此要求下產生者(注二〇)。其後隨社會之進化, 典權制度亦逐漸發達, 而其

注一五　「五代會要」(卷二六), 「市」, 第三一八頁。

注一六　參照黃右昌著, 第三四二頁。

注一七　參照黃鏗著, 三一卷, 七期, 第六六頁。

注一八　「淡新檔案」二三二〇四‧〇一‧〇二; 二三二〇五‧〇二, 及參照「臺灣私法參考書」所錄典契。

注一九　仁井田陞著,「中國法制史」, 一九五七年, 岩波, 第二八二頁。黃鏗著, 三一卷, 八期, 第六三頁。

注二〇　黃鏗著, 三一卷, 八期, 第六四頁。

原因則尚有下列諸點:

1.中國人向來認爲子孫出賣祖傳遺產爲不孝行爲，爲保全孝名，恥於出賣土地。但子孫有時須處分土地以應急需，而無地者又需土地從事耕作，於是雙方以典方式使子孫獲得土地之相當代價，而又不觸犯出賣祖產之惡名；需地者復可獲有土地之實，雙方皆蒙其利。

2.典賣田宅照舊律皆須稅契。惟事實上，活契典業並不在買賣納稅之列(注二一)。故許多典契，就其實質言爲買賣，却以典之形式訂約，用以逃避契稅。

3.清代對於旗地、土司田畝、苗地、屯田禁止漢人兼併，故規定不得由漢人買受，爲逃避此項兼併之規定，常常以典之形式用以獲得買得土地之實。

4.許多離鄉在外置有田宅產業之人，於返鄉時，不願將自己辛苦所置產業出售，乃將產業出典予人，以便將來返回時可以回贖。

丁、典權之性質

現代之法學者，常將物權分爲所有權與限制物權。限制物權又分爲用益物權與擔保物權二種(注二二)。討論典權之性質，學者往往即依此劃分法而加以討論:

㈠用益物權說

此說認爲典權係支付典價，占有他人典物，而爲使用收益之權利。此項使用收益，即爲用益物權之特質。我國固有習慣上，典價乃爲取得

注二一　雍正十三年諭示「……至活契典業者，乃民間一時借貸銀錢，原不在買賣納稅之列」。

注二二　參照史尚寬著，第一三～一四頁。鄭玉波著，「民法物權」，民國五十年，三民書局，第一七頁。姚瑞光著，「民法物權論」，民國六十二年，第一一頁。曹傑著，「中國民法物權論」，民國五十六年，商務，第一一頁。黃右昌著，第三一～三三頁。倪江表著，第二〇～二一頁。李肇偉著，第二二頁。

典權之對價。故典權人受典時所爲之給付，不曰借款而曰典價；出典人備價消滅典權所爲之給付，不曰清償而曰回贖。出典人僅有回贖之權利，而無回贖之義務。典權人亦不得要求出典人回贖。典權人僅能因出典人之不回贖而取得典物所有權，自非擔保物權。

(二)擔保物權說

此說認爲典權人係債務人，向債權人借錢而以所有物（典物）作擔保，並移轉其占有於債權人，供其使用收益。至典期屆滿，得以清償原債務方法，消滅典權。惟出典人對於其債務之清償責任，則由典物擔當，即所謂「物的代當責任」（Sachhaftung）。故如債務人不願以其他方法清償其債務（回贖）時，典權人僅得就典物取償，取得典物所有權，而不能對出典人爲對人的請求，與外國擔保物權之占有質、用益質、歸屬質同其性質。因此，典權在本質上並非用益物權，而爲擔保物權。

(三)特種物權說

此說認爲典權固係主物權而具有用益之權能。惟典權人多係生活富裕之人，其典受他人之財產，乃在希冀取得其所有權。使用收益不過爲其附帶作用，自不能謂典權爲純粹用益物權。且在我國法制上，典與質並無嚴格之區分，足見典權原具有擔保物權之性質。惟擔保物權係屬從物權，以主債務之存在爲前提，而典權則爲主物權，其存在並不以有債務存在爲前提，亦不能謂典權係純粹之擔保物權。因此，典權實兼有用益物權及擔保物權之兩面性質。

按典權制度，係我國固有之法制，起源甚早。在漢朝已可知有典權制度之存在（見〔貳〕，乙、）。惟歷來律例雖有「典賣」、「典當」等用語，但對於典權之內容如何，則絲毫未有規定，而任由當事人自由約定。考典權制度之肇始，實在於對土地用益權能之取得。蓋在古代，土地私有思想尙未發達，土地用益之權能構成一種獨立之權利客體。據學者研究，中國在近代法以前，土地所有權之思想係建立於土地支配關係之上，同一土地上，因支配關係之不同，可以發生種種重複之權利。因此，在中

國固有法制上有所謂一田兩主之制(注二三)。所有權之概念自現代法言，包括使用、收益、處分三種權能。但在古代重農社會，土地之利用與人民之生活有極密切不可分離之關係，而當時土地所有權私有之思想甚爲薄弱，處分權能之有無反不如使用收益之權能重要。因而使用收益之支配關係變爲一個獨立權利之客體，擁有此項使用收益權能之人，習慣上即稱爲業主或田皮主(但在臺灣及福建部分地方則稱爲田骨主)(注二四)。由於中國固有土地所有權之思想，係分隔的所有權思想，土地可分割爲田骨與田皮，田骨又可獨立成爲一個權利之客體，典權之設定，就不動產言，係支付典價對不動產取得使用收益之權能，而成爲田皮主或業主。再就宋刑統以降至元明律，均將「典賣」併稱，清律稱爲「典買」(見〔貳〕，乙、)並以其爲民間置產業方法之一 (見典買田宅條例) 以觀，則典關係似可解爲使用收益權 (業主權或田皮所有權) 之買賣，並附以買回之條件者。律文所以不用買賣而用典字，乃因未將田骨部分一併出賣，不能發生完全所有權變動之效力，故用典字加以區別。或謂買回爲債之關係無物權之效力，殊不知我國固有法上原無現代法上物權與債權區別之概念。且在律例上「若典主託故不肯放贖，笞四十。限外遞年所得 (多餘) 花利，追徵給主，(仍聽) 依 (原) 價取贖」(注二五)。顯見買回 (回贖) 權在律例上有如現代物權法上之效力。至有些地方習慣上出典人可要求加典 (拔價) 之情形，係特例，且須得典權人之同意，依契約自由之原則原無不可。惟既有拔價之情事，則出典人於買回 (回贖) 時，自應備足原典價及拔價。又出典人於典權期間屆滿時，出典人即得隨時回贖，然此有礙權利之安定性，且歷久舉證困難，當時又無土地登記之公

注二三　仁井田著，第二九〇頁以下。戴炎輝著，「中國法制史」，民國五十五年，三民書局，第三〇一頁以下。「臺灣私法」第一卷上，臨時臺灣舊慣調查會，明治四十三年，以下簡稱「臺灣私法」，第二二九頁以下。

注二四　仁井田著，第二九〇頁以下。戴炎輝著，第三〇一頁以下。

注二五　明律、戶律、田宅門、典賣田宅條。清律、戶律、田宅門、典買田宅條。

示制度，極易形成田骨主與田皮主朦混不清之糾紛，更有妨礙經濟之發展。故清理不動產典當辦法（注二六）第二條規定，對於典產立約已逾六十年，或在該辦法施行前，典主久視典產爲絕產，經業主相安無異者，或契內載有逾期不贖，聽憑作絕字樣，業主於期滿時並未依約回贖者，概作絕論，使典權人取得土地所有權。但查典權人之取得典物所有權，實係基於法律之規定，其法律上之性質類於時效取得，似難解其爲流質之結果，亦不得據此否認典權爲附買回條件之使用收益權買賣關係之性質。論者有以雍正十三年諭示中有：「至活契典業者，乃民間一時借貸銀錢，原不在買賣納稅之列」之語，認典權爲擔保借貸關係之物權者（注二七）。但此項諭示重在免稅之目的，並非在於對典契法律關係之闡述。蓋依清律、戶律、田宅門、典買田宅條規定，典買田宅均須稅契。然中國自古重農輕商，鮮有以不動產買賣爲業者，則出典田宅以獲取一時之資金者，通常爲經濟之弱者，旣非賣斷，故加體恤而免其稅也（注二八）。至動產設典之性質，因缺乏動產設典之資料，尚不明瞭，有待將來之研究。

　　就現行法而言，典權之性質，應屬用益物權。典權立法原則說明謂：「我國習慣無不動產質而有典，二者性質不同。蓋不動產質爲擔保物權，出質人對於原債務仍負責任，苟質物價格低減不足清償，出質人仍負清償之責，而典則否。質權旣爲擔保債權，則於出質人不爲清償時，只能將質物拍賣就其價金而爲清償之計算，無取得其物所有權之權利。典則用找貼方法，便可取得所有權。二者比較，典之習慣實遠勝於不動產質。因(1)出典人多經濟上之弱者，使其於典物價格減低時拋棄其回贖權，即免負擔，於典物價格高漲時，有找貼之權利，誠我國道德上濟弱觀念之優點。(2)拍賣手續旣繁，而典權人旣均多年占有典物，予以找貼即取得所有權，亦係最便利之方法，故民法中應規定典權」，民法第九百十一條

注二六　民國四年十月六日司法部呈准，同月九日分咨。
注二七　參照陳棋炎論文，「臺灣私法」，第六六四頁。
注二八　參照黃鏵著，三一卷，一〇期，第四三頁。

乃規定曰:「稱典權者,謂支付典價,占有他人之不動產,而爲使用及收益之權。」論者謂:典價之支付類似金錢之借貸,回贖類似淸償,而由典物代替履行責任,認有擔保物權之性質。然查擔保物權係從物權,須有債權之有效成立及存在爲前提,典權則不必另有債之關係存在爲必要,而爲主物權。且責任之發生始於義務之不履行,出典人對於典物,並無回贖之義務,即不發生責任問題,故亦無以典物爲代擔責任之可言。自應從通說認典權爲用益物權(注二九)。

〔參〕典權之設定

甲、訂立書面及登記

在固有典習慣,設定典權大體由出典人(原主)作成典契,於締結典契約時,交付予典權人(典主)。典契有單純由出典人作成一份,交典權人收執者,有分上下兩契,於其中間寫上「勘合上下兩契」,由出典人將上契交典權人收執,以備將來回贖時或有爭議時之用者,上下兩契所載內容相同,臺灣尙有以言詞訂典契者(注三〇)。典契之形式,各地未必一致,玆舉「淡新檔案」(二二四〇八・〇二)(注三一)所存典契實例如下:

注二九 同說鄭玉波著,第一三七頁。姚瑞光著,第三二五頁。倪江表著,第二一五頁。李肇偉著,第三二四頁。錢國成著,「典權之特質」,「法令月刊」,二〇卷,八期。

注三〇 「臺灣私法」,第六九三頁。黃錞著,三二卷,三期,第二八頁以下。陳棋炎論文,清水金二郎著,「契の研究」,大雅堂,昭和二十年,以下簡稱清水著,第一一八頁。

注三一 關於「淡新檔案」序說,請參照戴炎輝著,清代臺灣における訴訟手續について——「淡新檔案」資料として,「國家學會雜誌」,八一卷,三、四號,一九六八年。

立典田契字，中港蘆竹湳庄，張永成同侄 清泉投懷 有承順發號買過水田二段，坐土

蘆竹湳，東西南北四至界址登載印契內明白。年納社番大租谷伍石貳斗正。茲

因乏銀費用，情願將此出典與人，先儘問房親、伯、叔、兄、弟、侄，俱各不

願承受，外託中引就，向許春記前來承典，時出銀價壹佰捌拾元正。是日同中

銀契兩相交收足訖，其田隨即踏明盡界，付銀主前去掌管，起耕別贌，收租納

課，成不敢異言滋事。不拍年限。到仲冬聽備銀贖回，原契字送還，銀主不得

習難。保此田係自置物業，與別房親人等無干，並無重張典掛他人財物為礙，

亦無交加來歷不明等情。若有不明，成一力抵當，不干銀主之事。此乃二比兩

願各無反悔，口恐無憑，今欲有憑，合立典字壹紙併帶上手司單印契九紙，共

十紙付執為炤。

1.批明：即日同中收過典字內佛面銀壹佰捌拾元正完足再炤。

代　筆　人　林啓芳
為　中　人　洪全理
在　　場　　　張有輝
見　證　人

同治二年柒月　　日　　　立典田契字人張永成同侄 清泉投懷

　　由於中國版土廣大，各地習慣典契未必一致。但下列幾點，則係典

契必須記載之事項：(1)契字表題，即契約須表明為典契，(2)出典人之姓

名，(3)標的物及其所在，(4)介紹人（中人）（注三二），(5)典權人姓名（注

三三），(6)典價，(7)典權人之權利，(8)典限，(9)出典之理由，(10)公租公課

之負擔諸項（注三四）。

　　現行民法關於不動產物權之設定，必須訂立書面契約，並須經登記

始生效力（民法第七百六十條、第七百五十八條）。在我國古律，例如元

律規定：「諸典賣田宅，從有司給據立契，買主賣主，隨時赴有司推收稅

注三二　介紹人（中人）在典契中係不可缺者，不但具有見證人之地位，且將來如
　　　　當事人雙方就典契發生糾紛時，中人有出面負責之義務（參照黃銛著，三
　　　　二卷，三期，第三〇頁。清水著，第一一五頁）。
注三三　據黃銛著，三二卷，三期，第二八頁，稱時有不記典權人姓名之典契。
注三四　參照清水著，第八五頁。黃銛著，三二卷，三期，第二八頁。陳棋炎論文，
　　　　福建省例。

糧。若買主權豪，官吏阿徇，不即過割，止令賣主納稅，或爲分派別戶包納，或僞立詭名，但受分文之贓，笞五十七。仍於買主名下驗元價追徵，以半沒官，半付告者。」(注三五)明律典賣田宅條：「凡典賣田宅不稅契者，笞五十。仍追田宅價錢一半入官。不過割者，一畝至五畝，笞四十。每五畝加一等，罪止杖一百，其田入官。」清律典買田宅條之規定亦同。其小注云：「稅契者，典買之契，當報官照價納稅，印發存照也。過割者，典買之後，當報告，彼戶推出，收入此戶，納糧當差也。凡典買田宅不稅契，則虧損官課，故罪輕罰重，不論多寡，止笞五十，追田宅之價，一半入官。典買田宅不過割，則混淆版籍，故罪罰皆重，計畝科罪……。」輯注曰：「必稅契，所以杜異日假捏之弊也；必過割，所以清各戶賦役之籍也。」可知在固有典習慣上，典權之設定，須投稅與過割。但投稅與過割係基於財政之目的，並非典權設立之要件，此與現行法異。惟典契既經投稅，由官印發存照，自有公證之效力(注三六)。故輯注曰：「必稅契所以杜異日假捏之弊也。」光緒十五年臺灣彰化縣諭曰：「推收入戶完糧稅契；係杜絕賣主找價以及重賣情形，是則契已投稅，名曰紅契，管業誰敢霸占，非徒目前無事，且無累及子孫。」(注三七)故如因典產發生糾紛時，執有投稅之典契（紅契）者，無論其成立於何時，其效力恆優於未投稅之典契（白契）者（注三八）。

乙、典權之標的

典權爲支付典價占有他人之不動產，而爲使用收益之權利（民法第九百十一條）。可知民法典權係於他人之不動產上成立之物權。所謂不動

注三五　「唐明律合編㈡」（卷一三），上，第二六五頁。
注三六　「淡新檔案」二二四〇五·四九，分府陳批：「現據該氏粘呈張永成典字一紙，未經報稅，是眞是僞遽難作信。」
注三七　「臺灣私法參考書」，第一二八頁所收錄。
注三八　參照陳棋炎論文。

產係指土地及其定著物（民法第六十六條）。是現行民法上典權之標的，應以他人之土地及其定著物爲限。其他不動產物權，尚不得爲典權之標的(注三九)。但在固有典習慣上，典權之標的，民間雖有典雇妻女之事，因其有背善良風俗，故律例嚴加禁止(注四〇)。此外，典權之標的似不限於不動產。清律、戶律、田宅門、典買田宅條中有：「……其所典田宅、園林、碾磨等物，年限已滿，業主備價取贖……」，其小注云：「曰田，則山園陂蕩之類在其內。曰宅，則碾磨、店肆、車船之類在內。」(注四一)可知典權標的物之範圍相當廣泛。舉凡水田、山田、埔園、熟園、竹園、沙園、出林埔地、坪仔腳地、店鋪地基、宅地、塭、鹽埕等，均得爲典權之標的(注四二)。車船之類，依律文小注似亦解爲得爲典權之標的。此外尚有鋪底、蕃埔地、大租權、業主權出典之情形(注四三)。典權之標的甚爲廣泛雖如上述，但屯田(注四四)、寺觀各田地及公同祖墳山地(注四五)、旗地(注四六)、土司田畝(注四七)、苗田(注四八)、灶地(注四九)

注三九　參照最高法院十八年上字第一五八三號，二十八年上字第九九六號判例。

注四〇　參照清律、戶律、婚姻門、典雇妻女條。至奴婢因在法律上無獨立之人格，故有謂可典賣者（參照王文著，「中國典權制度之研究」，嘉新，民國六十三年，第二頁）。

注四一　「大清會典事例」（光緒二十五年），（卷七五五），第九至一〇頁。

注四二　參照「臺灣私法參考書」，第一二四頁以下所收錄各典契之標的。

注四三　黃右昌著，第三六頁以下。戴炎輝著，「清代臺灣之大小租」，「臺北文獻」，四期，民國五十二年，「臺灣私法」，第二八九頁以下，第三五五頁。「淡新檔案」二二一〇七‧一八；二二四一〇‧一一六。

注四四　明律、盜賣田宅條例（參照「唐明律合編」卷一三上）。清律、戶律、田宅門、盜買田宅條嘉慶六年修改條例。

注四五　明律、盜賣田宅條例（「唐明律合編」卷一三上）。清律、戶律、田宅門、盜賣田宅條例。

注四六　「大清會典」（卷二〇）：「凡旗地，禁其私典私賣者，犯令則入官。」清律、戶律、田宅門、典買田宅條例：「旗地、旗房，概不准民人典買……」

注四七　清律、戶律、田宅門、盜賣田宅條例。

注四八　據「大清律例彙輯便覽」，（卷九），戶律田宅，第二八頁，載有：「貴州漢苗錯處，自嘉慶三年清查田地以後，漢民不許典買苗田……。」但戶部則例

則有禁止出典之規定。至典買田宅條中所云「林」、「碾磨」等物，乃土地上之附著物，與田宅園間之關係，可以解爲主從關係。從而田宅園設定典權之結果，其效力當然及於「林」或「碾磨」(注五〇)。又土地上建有房屋時，在固有習慣上，其出典須房屋與土地同時設定(注五一)。現行民法對此未設規定，學者有採肯定說者，謂此爲典權特有之不可分性(注五二)。司法院解釋亦採肯定說謂：「房屋與土地同屬一人所有者，其所有人設定典權之書面雖僅載明出典房屋若干間，並無基地字樣。但除有特別情事，可解釋當事人眞意僅以房屋爲典權標的外，自應解爲基地亦在出典之列，典權人取得典物所有權時，亦當然包括基地在內。」(注五三)惟民法關於不動產物權之設定，係採登記生效主義，如典權設定時，僅就房屋或基地之一爲典權設定登記時，則未登記部分，似難解爲當然效力所及(注五四)。再者，典物之所有權人通常爲出典人，但由第三人提供典物出典之情形，在理論上尙非不可，此時第三人仍應以自己爲出典人名義出典 (注五五)。惟在民間尙乏此種實例 (注五六)。

丙、典價之支付

典權之成立，以典價之支付爲要件。申言之，典權之設定係有償行

（旗民交產）則有民人契典旗地之規定。

注四九　據「大清律例彙輯便覽」，（卷九），戶律田宅，第二五頁，載有：「雍正四年奉上諭……凡民人所有灶地，嗣後止許賣與竈戶永遠爲業，如仍有轉行典賣與民，照盜賣官地律治罪，永以爲例，欽此。」

注五〇　參照鄭玉波著，第一二四頁，注一，陳棋炎論文。

注五一　參照清水著，第八五頁及第一一四頁。

注五二　黃右昌著，三四五頁。李肇偉著，第三三五頁。

注五三　司法院院解字第一二七〇一號，同字第四〇九四號㈤解釋。

注五四　同說，姚瑞光著，第三二八頁。

注五五　「臺灣私法」，第六五三頁。陳棋炎論文。憲眞著，「支那に於ける契約類集」，滿洲文化協會，昭和七年，以下簡稱憲眞著，第二〇頁。

注五六　參照陳棋炎論文。

為。典價之多寡，依典物之價值，出典人對於典價所需之情事及典權人對於典物使用收益之需要程度，由當事人雙方商討決定之。通常為典物價值之三分之一至十分之八間(注五七)。有特別情事時，亦可能達幾近典物價值之程度。蓋以「典」為「賣」之變相，不負出賣之名，而又有出賣之實也。至典價之支付，是否以金錢為限？在典習慣上以金錢以外之物交付者，似極罕見，實際上無不以金錢充之者(注五八)。民法對此亦未規定，學者意見不一(注五九)。惟法律既未禁止以金錢以外之物充當典價，當事人雙方又同意以其為典價，自無採肯定說之必要。

　　典價通常應於典權成立時一次支付。蓋以典價為典權人取得典權之代價。惟在習慣上，若典物之價值較大而最初之典價較低；出典後出典地之地價增加，物價高漲；或出典人金融上之需要，有些地方經中人之斡旋經得典權人之同意，亦得增加典價，謂之拔價、找價、添加、長價、加典或增典(注六〇)。拔價時通常應於原典契之餘白或附箋記載拔價之意旨(注六一)。在東北吉林省西豐縣，熱河省寧城縣之習慣，則將原典價與

注五七　清水著，第九一頁及一一七頁。鄭玉波著，第一四一頁。「臺灣私法」，第七〇〇頁。憲真著，第一九頁。

注五八　參照清水著，第九一頁。「淡新檔案」內所存資料及「臺灣私法參考書」所記錄之典契，皆以金錢為典價。

注五九　肯定說：鄭玉波著，第一四一頁。梅仲協著，「民法要義」，民國四十四年，第四一五頁。否定說：史尚寬著，第三九七頁。姚瑞光著，第三二三頁。李肇偉著，第三二八頁。黃右昌著，第三四四頁。

注六〇　清水著，第一〇五頁。王文著，第七頁。

注六一　據「臺灣私法參考書」，第一四三頁附錄典契，拔價時記載：

> 再批明：陳慧觀胞弟西昆托出原中添典去六八佛銀肆員，日後收贖之日，依契備銀，不得異言，理合批明，再炤。即日同原中收過佛銀肆元。
>
> 　　　　　　　　　　　　　　　　　　原中人　　白光星
> 咸豐九年八月　　日　　　　　　　立再貼契面字人　陳西昆
> 　　　　　　　　　　　　　　　　　代書人　　白灼龍

拔價合併計算以其爲典價，另作新典契(注六二)。拔價加添部分亦算入典
價之一部，將來回贖時，應一併提出始可。但亦有在典契內載明不得要
求拔價之習慣(注六三)。民法關於典權並無拔價之規定，依物權法律限定
之原則，當事人間於典權設定時，縱有拔價之約定或習慣，亦不生物權
之效力。除非拔價後，將拔價併入原典價而爲典價之變更登記。惟此時
在解釋上，似應解爲典權契約之變更，自與固有習慣上通常所稱拔價之
情形，在法律之性質上不同。

丁、典物之交付

典權之成立，以出典人移轉其標的物之占有於典權人爲其要件。蓋
典權之設定，係以典物之使用收益爲目的，典權爲使用收益自非移轉典
物之占有不可。且在過去登記制度尙未確立，物權之公示尤須以占有之
移轉方式爲之。惟此所謂占有之移轉，不限於直接交付之方式，其以間
接交付方式，例如簡易交付（注六四），占有之改定（注六五）亦可。但占
有之改定，因仍由出典人占有使用收益典物，當時又無其他公示制度。
故明律及清律典買田宅條例規定：「若將已典賣與人田宅，朦朧重複典賣
者，以所得（重典賣之）價錢計贓，准竊盜論，免刺追價還（後典買之）
主，田宅從原典買主爲業。若重複典買之人及牙保，知（其重典買之）
情者，與犯人同罪。追價入官。不知者不坐。」用以保護典權人。民法關
於不動產物權之設定，係採登記生效主義(第七百五十八條)，則典權之
設定，自非登記不生效力。從而典物之交付，似不必解爲典權之成立要

注六二　參照清水著，第一〇六頁。

注六三　例如黑龍江省之青崗縣、景星設治局、泰來縣、呼蘭縣、蘭西縣、湯源縣、
　　　　肇東縣等地，參照王文著，第七頁。

注六四　通常稱爲「對佃收租抵利」，例如「淡新檔案」二二四一八・二一；二二四
　　　　〇六・三〇；二三二〇四・〇一等。

注六五　此種情形稱爲「賣馬不離槽」，河北省欒城縣寺北村相當通行。參照清水著，
　　　　第一二九頁。

件(注六六)。典權人之占有標的物，應認係使用收益典物之當然結果。故出典人不將標的物之占有移轉於典權人時，即係對典權之妨害，典權人得行使物上請求權，請求出典人交付典物(注六七)。典權人似亦可本於典權契約，請求出典人履行交付典物之義務 (民法第三百四十七條準用第三百四十八條)。

〔肆〕典權之期限

典權之期限與一般權利存續期限之意義不同。一般權利存續期限，當其期限屆滿時，其權利即歸消滅，而典權期限，並非典權存續之期限，乃爲出典人不得行使回贖權之期限。故典權期限內，出典人不得行使回贖權。換言之，典權期限屆至之日，爲回贖權可得行使之始期。

典權期限在清乾隆以前，並無特別之限制。所謂「一典千年活」。在出典人回贖前，典權繼續存在。但典權在性質上爲限制物權(beschränktes Sachenrecht)，對於所有權之權能中關於使用收益權均受限制，所有人除保有法律上之處分 (讓典) 權外，幾等於虛有，類似羅馬法上之裸體所有權(Nuda proprietas) (注六八)。故如所有權人長久不爲回贖，不但於所有物之利用有所妨礙，於經濟上之發展亦屬不利，在過去未設不動產登記之情形下，所有權誰屬更常引起糾紛，有礙權利之安定性(注六九)。可知典權期限實不宜過長。因此戶律、田宅門、典買田宅條例規定:「嗣後民間置產業，如係典契，務於契內注明回贖字樣，如係賣契亦

注六六　最高法院二二年上字第二三三號判例謂:「典權之成立，以移轉占有爲條件」。李肇偉著，第三二八頁，均持反對見解。同説: 姚瑞光著，第三二二頁以下。

注六七　姚瑞光著，第三二三頁。王文著，第八頁。司法院院解字第三一三四號㈡解釋。

注六八　黃右昌著，第三四七頁。

注六九　參照「臺灣私法」，第六六九頁。

於契內注明永不回贖字樣，其自乾隆十八年定例以前，典賣契載不明之產，如在三十年以內，契無絕賣字樣，聽其分別找贖。若遠在三十年以外，契內雖無絕賣字樣，但未注明回贖者，即以絕產論，概不許找贖，如有混行爭告者，均照不應重律治罪。」戶部則例關於民人典當田房規定：「民人典當田房，契載年分，統以十年爲率，限滿贖。如原業不能贖，聽典主投稅過割執業。」（置產投稅）關於旗民間之典及民人承典旗地規定：「……凡典當田房，契載年分，統以十年爲率，十年限滿，原業力不能贖，再予餘限一年，令典主呈明該翼，由翼將契紙交旗，鈐用佐領圖記，送翼補稅，發給本人收執……自報稅後，原業不准告找。」（置產投稅）又「民人契典旗地，回贖期限以二十年爲斷，如立契已逾例限，即許呈契升科（無論有無回贖字樣），不准回贖；在限內者，仍准回贖。」（旗民交產）又據度支律梁田宅稅契之部規定：「嗣後典契年分，統以三五年至十年爲率，凡從前典契載有二三十年四五十年以上者，統限三年內呈明，即令改典爲賣，一體上稅（注七〇）。」清律例及其他有關規定固如上述，但徵諸「淡新檔案」內留存之典契及「臺灣私法附錄參考書」所收錄之典契觀之，有未於典契內記明典權期限者，有定爲「不拘年限」者，亦有典限長達四十年者，一般以十年或二十年爲最多。我國北方典習慣尚有「房五地三」之說，即習慣上典權期限房屋爲五年土地爲三年者（注七一）。民國成立以後，政府爲清理不動產典當，於民國四年六月頒布「清理不動產典當辦法」，其第八條規定：「嗣後民間置買產業，應照前清現行律，務須注明絕賣或不准找贖字樣。如係典業，須注明回贖年限。違者一屆十年限滿，應准業主即時收贖，業主屆期不贖，聽憑典主過戶投稅。不滿十年之典當，不准附有到期不贖聽憑作絕之條件，違者雖經逾期，於立約之日起十年期限內，仍准業主隨時告贖。」民法物權編制定時，確立物權採「法律限定主義」，並以典權存續期限漫無限制有

注七〇　間接引自「臺灣私法」，第六七〇頁，「臺灣慣習記事」，四卷，九號。
注七一　鄭玉波著，第一四五頁。清水著，第一一七頁。

害經濟之發展。故明定其權利存續期間，不得逾三十年。約定期間逾三
十年者，縮短爲三十年（注七二）。

〔伍〕典權之效力

甲、典權對於典權人之效力

㈠典權人之權利

1. 對典物爲使用收益

典權人對於典物有使用收益權。其對典物使用收益之範圍甚廣。典
權人得在承典之土地上建築，將田變園，將園變田，以供其使用或收益。
亦得將典物出租，以收取法定孳息（注七三）。故典契上常載明：「其田隨
即踏明盡界，付銀主前去掌管，起耕別贌，收租納課（注七四）」。惟在臺
灣習慣上，出典人對於典權人之收益，有時有抽分之約定。例如招耕帶
借銀字中：「再批明：倘此地若有稅人起店者，其稅銀對半均分。照。」
（注七五）典權人因對典物有相當廣泛之使用收益權，與所有人居類似之
地位。故典權人對於典物有時稱爲「己業」，而自居業主地位（注七六）。
惟典權人使用收益典物時，仍不得以違反通常使用收益之方法爲之。如
其違反使用收益之目的致典物發生重大損失或滅失時，應負回復原狀或

注七二　參照「中華民國民法制定史料彙編（下）」，第五四四頁，民法物權編立法
　　　　原則第十一及說明。
注七三　參照「淡新檔案」二二四一九・三八；二三二〇九・〇一；二二四〇六・
　　　　三〇；二三二〇二・〇三；二三二〇四・〇一；二三二〇七・〇二。
注七四　參照「淡新檔案」二二四〇八・〇二。
注七五　參照「臺灣私法參考書」，第一四〇頁，所錄招耕帶借銀字。
注七六　「臺灣私法」，第六六〇頁，第二二九頁以下。戴炎輝著，「清代臺灣之大
　　　　小租」論文。

賠償之責，亦得於回贖時減少典價(注七七)。民法規定典權爲支付典價占
有他人之不動產而爲使用收益之權，典權人對於典物有占有而爲用益之
權，自不待言。此項權利如遭他人妨害，典權人享有物上請求權（民法
第九百六十二條或準用第七百六十七條）。爲使典權人用益權之行使能夠
完滿，亦有不動產相鄰關係規定之準用(民法第九百十四條)。但典權人
將典物出租時（如契約訂有不得出租或另有不得出租之習慣，則不得出
租)，依民法第九百十五條第二項規定：「典權定有期限者，其租賃之期
限，不得逾原典權之期限，未定期限者，不得定有期限」(注七八)。又典
權人對於典物因出租所受之損害，應負賠償責任（民法第九百十六條）。

2.處分典物

典權人除可使用收益典物外，尙得處分典物。惟此之處分，限於法
律上之處分，其情形有三：

(1)轉典：轉典係典權人於典權存續中，以自己之責任將典物轉典於
他人之行爲。故轉典就性質上言，係典權人就其典權（業主權）對轉典
權人設定典權之行爲。轉典權人與原出典人間並無直接法律關係。此點
與典權之讓與不同。因此原出典人之找絕，應向原典權人爲之(注七九)。
轉典之回贖，由原典權人對轉典權人爲之(注八〇)。轉典得就原典物之全

注七七　參照「臺灣私法」，第六六〇頁以下。清水著，第九五頁、第九七頁、第一
　　　　二六頁。

注七八　論者有謂典權未定期限者，不得定有期限，依耕地三七五減租條例第十七
　　　　條、第十九條規定，耕地出租不得少於六年，且不得任意終止租約，依土
　　　　地法第一百條、第一百零三條不定期之房屋或基地租賃，非有法定原因不
　　　　得終止租約，反有礙於回贖權之行使者(參照王文著，第一三二頁)。惟租
　　　　賃契約係典權人與第三人（即承租人）所訂之債權契約，似無拘束出典人
　　　　之效力，從而典權因回贖而消滅時，承租人自不得對出典人主張租賃權之
　　　　存在。本條應解爲係訓示規定。

注七九　大理院五年上字第一二八〇號判例。

注八〇　「淡新檔案」二三二〇六・〇三，堂諭：「……查該田係王烏番典與郭授義
　　　　兄郭忠典與彭樑材父，縱上手是王烏番，彭樑材何得執此抗贖。斷令郭授
　　　　義即日備足原價繳案給彭承領，彭亦即將典契繳案給郭收執。」唯河南省中

部或一部爲之(注八一)。至轉典之期限，若原典定有期限，而尚在期限內者，則轉典之期限必在原典期限內或不定期限(注八二)。若原典期限已屆或原典未定期限者，則轉典時，亦不得定有期限。至轉典之典價，通常都在原典價範圍之內。其以超過原典價而轉典者，稱爲「冒價」(注八三)或「長價轉典」(注八四)，因有礙於原典權人之回贖，故實例上冒價轉典之情形甚少 (注八五)。淸・戶部則例規定：「凡典契而原主不願找賣契，而現主不願找貼者，均聽原主別售，歸還典賣本價。至典契並原賣、聽贖之產，現業主果有急需，原主不能回贖，亦聽現業主轉典。倘有冒稱原主之原主，隔手告找，或原主於轉典未滿年限以前，強行告贖，及限滿而現業主勒贖者，均治其罪。」又規定：「如係活契典當田房，契載在十年以內者，槪不納稅，十年以後，原主無力回贖、聽典主執業轉典。」準此，則典權人之轉典似應限於出典人不能回贖，而典權人又有急需時，始得爲之。民法對於轉典規定爲：「典權存續中，典權人得將典物轉典。但契約另有訂定或另有習慣者，依其訂定或習慣。典權定有期限者，其轉典之期限，不得逾原典之期限，未定期限者，其轉典不得定有期限，轉典之典價不得超過原典價。」(第九百十五條) 蓋從向來之典習慣。但轉典之時期，則不限於出典人無力回贖時始得爲之。原典權人如轉典而超出原典內容範圍(例如典期超過或冒典)，不得以之對抗原出典人，故原出典人仍得依原典契回贖 (注八六)。原典權人對典物因轉典所受之損

　　　　牟縣、筆縣之習慣，轉典時如原典權人將原典契一併交轉典權人(稱轉當)，原出典人可逕向轉典權人回贖(參照王文著，第七七頁)。然此時似應認係典權之讓與而非轉典 (參照清水著，第八九頁、第一三〇頁)。

注八一　清水著，第七九頁。

注八二　清水著，第九八頁、第一三〇頁。

注八三　清水著，第九八頁。

注八四　王文著，第七六頁。

注八五　清水著，第九八頁、第一三〇頁。

注八六　參照大理院三年上字第二七二號，五年上字第一二八號。最高法院十八年上字第一八七號判例。

害，應負賠償之責（民法第九百十六條）。

(2)轉讓：典權爲非專屬性之財產權，自可以讓與（民法第九百十七條第一項）。典權讓與後，原典權人即與出典人脫離典關係，而由受讓人對出典人取得與典權人同一之權利義務(同條第二項)。是爲典權主體之變更。與轉典之以原典權爲標的之再設定典權不同，典權之轉讓並應登記始生效力(民法第七百五十八條)。在固有習慣上，典權亦得轉讓，稱爲「退典」、「繳典」或「替典」(注八七)。於轉讓時由原典權人制作「退典字」連同原典契一併交與受讓人。「退典字」之內容與典契大體相同(注八八)。

注八七　「臺灣私法」，第七〇二頁。陳棋炎論文。
注八八　茲摘錄「臺灣私法參考書」，第一九〇頁，繳典契一則供參考：

> 同立繳典契字人燕霧堡秀水庄陳凉水、父兄承過該兒安庄梁番水田壹所陸分陸厘陸絲柒忽、坐落址在埔姜崙庄後土名五垺北勢、年載納業主大租谷貳石八斗陸升六合八勺、另又跳水頭壹坵、俱各東西四至界址在上手契內明白、併帶水分通流灌漑、今因乏銀別置、先問房親伯叔兄弟姪人等、不能承受、外托中引就，向與埔姜崙後庄陳沃觀出首承繳典盡、三面言議、時值價佛銀八拾大員、庫平五拾六兩正、其銀即日同中交收足訖、其田隨即蹈明界址、交附銀主前去掌管、收租納課、不敢異言生端滋事、日後听其上手取贖、可向埔姜崙庄陳沃觀取贖、與陳凉水無干、上手若無取贖、永遠銀主掌管、不敢阻當、保此田係是凉水父兄明典、凉水均分、與別房人等無干、亦無重張典掛他人、亦無交加來歷不明等情爲礙、如有不明等情、凉水自一力出首抵當、不干銀主之事、此係二比甘愿、各無反悔、口恐無憑、今欲有憑、同立繳典契字壹紙、併繳上手契貳紙、闔書壹紙、合共四紙付執爲炤行、即日同中交收契面銀八十大員、庫平重五拾六兩正、完足再炤行。
>
> 　　　　　　　　　爲　中　人　　陳　高　陞
> 　　　　　　　　　　　　　　　　林　模　洪
> 　　　　　在場知見人胞姪　陳　茂　汀
> 光緒貳年拾貳月　　日　立繳典盡根契字人　　陳　凉　水
> 　　　　　　　　　代　筆　人　陳　廷　瑞

(3)設定抵押：典權爲對不動產使用收益之權，有財產上價值，自得
爲抵押權之標的。在臺灣有關於典權設定抵押之實例，於設定抵押時，
通常訂立書面，並將原典契交付抵押權人占有爲擔保（注八九）。民法第八
百二十二條明文規定典權得爲抵押權之標的物。惟典權人以典權設定抵
押權時，自須於典權存續中始得爲之，且抵押債權之淸償期不得逾典權
之殘餘期限，俾免抵押權因回贖典權消滅而影響抵押債權人之利益。

3.留買典物

典物之所有人對於典物並未喪失所有權，自得將典物別賣。惟典物
所有人別賣時，習慣上出賣人之親族、典權人、親戚、地鄰有留買權（或

注八九　關於以典權設定抵押之例，茲摘「臺灣私法參考書」所錄「立胎借字」一
　　　　則供參考，第二〇三頁。

> 同立胎借銀字天上聖母首事黃宗桂、曹丹旺、羅弼、賴映等、有公
> 典水田壹段，址在金包里西勢、湖口、東西四至界址，登載上手典
> 契內明白爲界，併帶圳水灌漑充足。今因乏銀費用，托中向與陳定
> 觀借出佛面銀五拾五大元正，其銀即日同中交收足訖，其田契隨即
> 寫付與銀主前去爲胎。當日三面議定，其逐冬利粟，當經風煽淨、
> 不得濕有，亦不得少欠升合。如是少欠，願將此田付銀主前去起耕
> 招佃耕作收租，扣抵母利明白、不得異言生端滋事。其銀不拘年限，
> 冬至前利粟淸完、備足母銀，贖回原契，各不得刁難。保此田係首
> 事桂等承典，並無重張掛借他人財物不明等情。如有此情，首事等
> 出首抵當，不干銀主之事。此係二比甘愿、各無反悔、口恐無憑、
> 今欲有憑，立胎銀字壹紙、併帶上手典契字壹紙、又帶大墾契壹帋、
> 又大契壹紙，共四帋，付執爲照。
> 即日同中首事等收過借銀字內佛面銀，五拾五大元正完足。再照批
> 明、逐冬利粟，就于典田契內所贌租項不論年冬豐凶、照參百六拾
> 元均分，定該得額五拾五元，天上聖母該得額參百零五元。
> 再照
>
> 　　　　　　　　　　代　筆　人　　羅　雲　從
> 　　　　　　　　　　爲　中　人　　賴　光　遠
> 　　　　　　　　　　　黃　宗　桂　　賴　　　　映
> 道光十五年十一月　日　立同胎借銀字人　曹丹旺　羅弼

稱先買權）（注九〇）。元典章有：「……已典就賣，先須立限，取問有服親房（先親後疏），次及鄰人，次見典主」之語。可見出賣人之親族、典權人、親戚、四鄰都有以同一價格先買之權利。其優先順序，典權人次於親族爲第二順位（注九一）。然此項留買權之效力如何？各地習慣不一，有以「典不押賣」，故認即令以同一價格留買，出賣人亦得不受拘束者（注九二）。但通說則認習慣上之先買權有物權之效力，得對抗買受人（注九三）。民法第九百十九條雖規定：「出典人將典物之所有權讓與他人時，如典權人聲明提出同一之價格留買者，出典人非有正當理由，不得拒絕。」但依最高法院二九年上字第二〇號判例則認爲：「此僅爲典權人與出典人間之權利義務關係，出典人違反此項義務，而將典物之所有權讓與他人時，典權人僅得向出典人請求損害賠償，不得主張他人受讓典物所有權之契約爲無效。」是以典權人之先買權在現行民法上，僅發生債權優先之效力而已。

　　4.典物之重建或修繕

　　典物如因不可抗力之原因致一部或全部滅失時，滅失部分之典權與回贖權均歸消滅。戶部則例規定：「原典房屋契載物件，至回贖時或有倒塌、損壞，照原價酌減。」故俗稱「屋倒爛價」（注九四）。典權人對典物之重建或修繕原無義務。惟如典權人願加重建或修繕，則仍可達其使用收益之目的。故習慣上承認典權人有重建修繕之權。清乾隆十二年例（注九五）謂：「凡租屋失火，例不賠償。凡典產延燒，其年限未滿者，業主典主各出一半合起房屋，加典三年；年限滿足，業主仍將原價取贖。如年

注九〇　清水著，第一三二頁。王文著，第八一頁。

注九一　清水著，第一三二頁。

注九二　清水著，第一三二頁。

注九三　戴炎輝著，「中國及臺灣不動產買賣之回贖及找貼」，「臺法月報」，三七卷，三號。陳棋炎論文。王文著，第八一頁。大理院八年上字第二六九號判例。

注九四　清水著，第九六頁。

注九五　引自「大清律例彙輯便覽」，（卷九），戶律田宅，第六～七頁。

限未滿，業主無力合起者，典主自爲起造，加典三年；年限滿足，業主
照依原價加四取贖。如年限未滿，而典主無力合起者，業主依原價減四
取贖。如年限已滿者，聽業主照依原價減半取贖。如年限已滿，而業主
不能取贖，典主自爲起造，加典三年，年限滿足，業主仍依原價加四取
贖。活賣房屋與典產原無區別，如遇火燬，依例辦理。其或被火延燒，
原業兩主均無力起造，所有地基公同售價，原主將地價償還業主三股之
一。起造典屋，其高寬丈尺工料裝修，俱照原屋，以免爭議……。」由此
可知，典權人有重建或修繕之權。重建或修繕後，加典三年。重建或修
繕時，須俱照原屋之型式爲之。民法第九百二十一條規定：「典權存續中，
典物因不可抗力致全部或一部滅失者，典權人除經出典人之同意外，僅
得於滅失時滅失部分價值限度內爲重建或修繕。」蓋一方面承認典權人之
重建修繕權，另一面爲顧及出典人將來回贖時負擔費用過高，故限制除
經出典人同意外，僅得於典物滅失時滅失部分價值限度內爲重建或修繕。
惟房屋之修繕重建，如必限於以典物滅失時滅失之價值範圍內爲之，通
常必不能回復典物之舊觀而達典權人使用收益之目的，舊例之照原屋型
式修繕重建，似較合理。

　　5.費用之求償
　　典賣田宅原應稅契過割已如前述（〔參〕，一之說明），惟實際上民間
典契，其有稅契過割之情形不多，故名義上各種公課納稅義務人仍爲出
典人。但事實上出典人之此項公課繳納義務，類皆轉嫁於典權人。爲表
示此種關係，典契上恆載有：「大小官租，隨地交納」，「經學費、大小官
錢隨地交納」。「逐年大租田糧照例抽的，係典主完納」，「其所帶正供，
從道光二十五年起（即立約翌年）帶附銀主完納」之語（注九六）。故此項
費用名義上雖以出典人爲義務人，然典權人不得向出典人求償，俗云「糧

注九六　黃鏵著，三二卷，二七期，第六五頁。清水著，第九三頁。「臺灣私法參考
　　　　書」，第一五八頁以下。

從地出」，即此之義也(注九七)。至訂典契時，由典權人先付之中金、筆資、花押銀、或丈費，則出典人於回贖時，應備還典權人(注九八)，此項費用典權人對之有求償權。又典權人爲用益典物，就典物所爲利用改良行爲，例如在典地造屋、植樹或掘井等，在過去典習慣上有「借地不拆屋」之習慣，認該改良物已屬出典人所有，典權人不得於回贖時拆去，亦不得求償其費用(注九九)。然近來採用此種習慣者已甚少見，大都於回贖時由出典人與典權人合意就改良部分作價買受(注一〇〇)。關於通常修理費，在臺灣習慣上，三年以內者，由出典人負擔，三年以外者，由出典人與典權人平均負擔(注一〇一)。惟典權人支付修理費時，通常應由出典人出具單據承認，於回贖時一併坐還。如無出典人出具之單據，回贖時引起糾紛，徵諸實例，則有斷令各認一半者(注一〇二)。至典權人對典物因不可抗力毀損滅失所爲重建修繕而支出之費用，依前引乾隆十二年例，及度支律梁田宅之部辨僞之記載：「典業議定回贖年限、佔定修築工價，載明契內，後房屋或傾圮，田地亦侵坍不得不修築者，公同業主原中，確估工價，續書契內；或業主遠出，雖未登明，而工料確有可據者，

注九七　陳棋炎論文。

注九八　「臺灣私法參考書」，第一三一頁，所錄恆春正堂高諭示，第一三七頁、第一六七頁所錄典契等。

注九九　黃鐸著，三二卷，二七期，第六三頁。清水著，第九六頁、第一二七頁。憲眞著，第二二頁。

注一〇〇　清水著，第一二七頁。

注一〇一　「臺灣私法參考書」所錄典契例三二（第一五六頁）：「此三年以內如有損壞修理者，典主自坐。三年以外如有損壞修理者，銀主、典主對半均分。」例四三（第一七一頁）：「其店倘被風雨損壞修理銀元，三年內典主自坐，三年外典主、銀主對半均分。」例五五（第一八五頁）：「其修理，三年以內，典主自坐，三年以外對半均開。」例五六之二（第一八八頁）：「又面約該店若應修理工料等費，三年以內，典主自坐，三年以外，銀主典主對半均分。」

注一〇二　「淡新檔案」二三二〇四・〇六，〇七，堂諭：「既無林恆茂（按即出典人）單據，斷令各認一半。」

驗明實係堅固無損，均應照數償還。如略修加補，所需無多，或修築之日不載契內，或修價過於原價，或原估修築之工程業已頹廢，一概不准價還。」(注一○三)可知在一定條件下，典權人對其支出之重建修繕費用，對出典人有求償權。民法對此亦規定：「典權人因支付有益費用，使典物價值增加，或依第九百二十一條之規定重建修繕者，於典物回贖時，得於現存利益之限度內，請求償還。」(民法第九百二十七條)

㈡典權人之義務

1.保管典物

典權人既占有典物而為使用收益，自應保管典物。且出典人雖無回贖之義務，但有回贖之權利，典權人對於典物之保管，自須負相當之注意義務。學者對此項注意義務，有認應為善良管理人之注意義務者(注一○四)。惟典權人對典物既取得業主權而有類似準所有權 (dominium utile) 人之地位，似僅能認其負有具體的注意義務。大理院對此有判例 (四年上字第一七六○號)曰：「……如係由典主自行失火，並非故意者，則其責任亦須分別過失之等次 (重大過失、普通過失、輕微過失) 稍與加重，應聽業主不付典價消滅典權(重大過失)，或以原典價四分之一(普通過失)，或三分之一 (輕微過失) 贖取，即典主負擔之損失，在重大過失時，為全體典價，普通過失時為四分之三，輕微過失時為三分之二，此其分配較為公平，此項條理，必限於該地方無特別習慣法則，方能援用……。」民法第九百二十二條規定：「典權存續中，因典權人之過失，致典物全部或一部滅失者，典權人於典價額限度內負其責任。但因故意或重大過失致滅失者，除將典價抵償損害外，如有不足，仍應賠償。」此項規定較諸大理院之判例，在法理上為佳。蓋典物既已滅失，典權之客體已不存在，典權自因而消滅，出典人無從回贖，典權人亦無法獲取回贖之原典價。從另一個角度言，典權人已於原典價範圍內負其責任。如

注一○三　參照「臺灣私法」，第六五八頁所引。
注一○四　戴炎輝著，「中國法制史」，第三一四頁。陳棋炎論文。

按大理院判例之意旨，典權人須於故意、重大過失時，始負原典價額範圍內之賠償責任，殊非事理之平。典權人既因故意或顯然欠缺注意義務（即重大過失）致典物滅失，而影響出典人之回贖權，典權人對此項侵權行為責任，自應負較重之賠償責任。

　　2.分擔危險

　　典權存續中，因不可歸責於雙方當事人之事由，致典物全部或一部滅失，而無法為使用收益時，此項危險在典習慣上，關於典權消滅之危險，係由典權人負擔，俗稱「房倒爛價」。回贖權消滅之危險，則由出典人負擔。至於一部滅失之場合，其滅失部分之典權與回贖權，亦由雙方分別負擔。惟於回贖時，典價應如何計算，清戶部則例僅規定「照原價酌減」，似應解為應按回贖時典物所存之價值決定之（注一〇五）。又典地因被水沖流失，嗣又浮復時，如典權期間尚未屆滿，典權人之典權於此場合是否回復，在「淡新檔案」二二六〇二號案件正堂諭示中謂：「王土灶（按即出典人，被告）果否將該業戶（即典權人，原告）名下租穀向佃私收，候飭差查明押還復奪。」（二二六〇二・〇一）似認典權人之典權回復，有收益權，出典人向佃私收租穀，應押還典權人。民法第九百二十條規定：「典權存續中，典物因不可抗力致全部或一部滅失者，就其滅失部分，典權回贖權均歸消滅。」可知典權人對於典物之危險，負有分擔之義務。惟典物如僅一部滅失，依同條第二項規定，「前項情形，出典人就典物之餘存部分為回贖時，得由典價中扣減典物滅失部分滅失時之價值之半數，但以扣盡原典價為限。」亦採雙方分擔危險之原則。然依同條項但書規定，以扣盡原典價為限，與典權人因過失致典物滅失時所負責任同，立法上是否均衡尚值斟酌（注一〇六）。

乙、典權對於出典人之效力

注一〇五　參照「臺灣私法」，第六六六頁。
注一〇六　參照鄭玉波著，第一四九頁。

㈠出典人之權利

1.典物所有權之讓與

出典人就典物設定典權後，並不喪失典物之所有權，自得將典物所有權讓與他人。出典人讓與典物，習慣上要通知典權人，以便其行使留買權。民法第九百十八條規定：「出典人於典權設定後，得將典物之所有權，讓與他人。」「典權人對於前項受讓人，仍有同一之權利。」此條規定僅為注意規定，縱未有此規定，解釋上亦應如此。又出典人於出賣典物時，依民法第九百十九條規定，典權人享有留買權，故應通知典權人（參看〔伍〕，甲，㈠，3）。

2.回贖典物

關於出典人之回贖典物，請詳〔陸〕，甲之說明。

3.其他

在我國典習慣上，有些地方尚有出典人於出典後，要求典權人加價之習慣，謂之拔價，已如前述（〔參〕，丙）。出典人基於某種原因，雖得要求典權人拔價，但典權人並沒有非同意不可之義務。民法關於典權，亦無拔價之規定，出典人自無此項請求權。至出典人將典物設定典權後，可否就同一典物設定其他權利？按出典人依典權關係，須將典物交付典權人，供其使用收益。出典人自不得設定與典權不能併存之限制物權或其他權利，以妨礙典權人典權之行使。故典權人不得將典物重典，亦不得設定地上權，永佃權或租賃權自不待言。至不妨礙用益權行使之抵押權是否可以設定，就固有典習慣言，尚乏資料可供稽考（注一〇七），有待將來資料之發現、調查、搜集後之研究。但就民法而言，亦無明文規定可資遵循。有採否定說者（注一〇八）。惟通說則採肯定說（注一〇九）。按

注一〇七　陳棋炎論文。

注一〇八　最高法院五三年十月二十七日民刑庭總會決議採否認說，其理由謂：「關於此一問題，在民法物權編施行前之解釋，固採乙說（參照司法院十八年十二月二十三日院字第一九二號解釋），但民法物權編施行後，依同法

抵押權之設定，並不妨礙典權人典權之行使，出典人依民法第九百十八條第一項規定既得將典物之所有權讓與他人，抵押權實行之結果，亦無非讓與典物之所有權，就其讓與所得之代價(拍賣所得價金)，由抵押權人優先受償而已。典權人依同條第二項規定對受讓人仍有同一之權利，其權利並不受影響。所發生問題者，只在拍賣時，有無人應買之問題而已。惟此問題之癥結端在抵押權人設定抵押時，對於典物之評估，如典物扣除將來回贖時之典價尚有餘裕，當有人願意買受，固無問題。如扣除典價後毫無剩餘或所餘無幾，抵押權人（即債權人）於借貸時，是否願意接受此種附有典權負擔之擔保物，頗有疑問。如其仍願接受（因典權須登記，抵押權人自非不能知悉），當應自負此項拍賣而無結果之危險。惟設定抵押權時，其抵押債權之清償期，宜約定於回贖期限之前。蓋如清償期約定在回贖期限之後，則在債務人（即出典人）不為回贖時，抵

第九百十八條第一項，既僅規定出典人於典權設定後得將典物所有權讓與他人，非如同法第八百六十六條、第八百六十七條，特以明文准許不動產所有人設定抵押權後，除得將該不動產讓與他人外，尚得設定地上權及其他權利，自應認為典權成立後，不得設定其他之物權，包括抵押權在內。蓋典權依同法第八百八十二條規定，既得為抵押權之標的物，倘許出典人就同一不動產為債務之擔保，而以典物設定抵押權，不特權利行使發生衝突，且使法律關係愈趨複雜，殊非社會經濟之福，此其一。且縱令認為典權設定後，得設定抵押權，然典權一經設定，所有人已不能對該不動產使用收益，其所餘者，實即回贖權，在回贖期間屆滿前，該所有權（回贖權）尚可執行拍賣，但迨回贖限屆滿，則典權人之典權尚屬存在(民法第七百六十二條)，而所有權人又不得回贖，是其拍賣者，已無內容，陷於一面無人拍賣，一面典權人就其因回贖期限屆滿所取得之所有物，永留一個不生不滅之抵押權存在之狀態，顯失立法本意，此其二。故於同一不動產上設定典權後，不能設定抵押權。」

注一〇九　參照史尚寬著，第四二一頁。鄭玉波著，第一五一頁。姚瑞光著，第三五二頁。李肇偉著，第三五九頁。陳棋炎論文。王澤鑑著，「民法學說與判例研究(一)」，民國六十四年，第四九七頁。陳榮宗論文，王文著，第一〇〇頁。

押權人則將有因典權人之取得典物所有權而被塗銷之虞(注一一〇)。論者有謂典權設定後復設定抵押權，抵押權人實行抵押權時，典權人同意將典物出賣，以賣得價金清償典價時，典價有優先抵押債權受償之權利者（注一一一）。然查我民法物權編關於物權係採法律限定主義，物權編典權一章旣無此項優先受償之規定，縱當事人間（出典人，典權人與抵押權人三方）有此特約，應無拘束第三人之效力。故如典權人同意除去典權將典物出賣，應認僅發生拋棄典權之效力而已。至典權人爲找貼時，如不先行塗銷抵押權，因找貼之結果，典權人係繼受出典人之所有權而已，抵押權並不因而受影響，於典權人似有不利，然此時典權人依民法第七百六十二條但書規定，其典權自不因混同而消滅。

(二)出典人之義務

1.費用之返還

典權人所墊付之費用，有向出典人求償之權利，已如上述，出典人對之自有返還義務。

2.瑕疵擔保

在固有典習慣上，出典人負有權利的瑕疵擔保責任（Gewährleistung für Mängel im Rechte）。此觀典契上恆載有：

「倘有上手來歷不明，不干承典人之事，係出典人一力抵當(注一一二)。」

「保此田園係番承父遺下之業，與別房無干，並無重張典掛他人財物來歷交加不明等情，如有此情，番出首抵當，不干典主之事(注一一三)。」

「保此庄業係承先祖明給買墾庄業，與旁親人等無干，亦無重張典掛他人以及上手拖欠公項併交加來歷不明爲礙，如有不明等情，東等一

注一一〇　參照史尚寬著，第四三二頁。王澤鑑著，第四九九頁。陳榮宗論文。

注一一一　參照陳榮宗論文。

注一一二　「臺灣私法參考書」，第一三六頁，典例一三。

注一一三　「臺灣私法參考書」，第一三七頁，典例一四。

力抵當，不干銀主之事（注一一四）。」

等語可知。至出典人是否須負物的瑕疵擔保責任（Sachmängel-haftung），尚乏資料可考。惟查習慣上，典之成立既係以典物之交付爲其成立要件，出典人如於交付典物時，已有物之瑕疵，而典權人願意接受成立典權，出典人似不必負物的瑕疵擔保責任，典權人如不接受，典權根本不成立，此或所以典契上未見有關於物之瑕疵擔保的記載之緣由。民法關於典權之設定，係以登記爲要件，而典權契約係雙務契約，依民法第三百四十七條準用買賣之結果，出典人自應負權利及物的瑕疵擔保責任。

〔陸〕典權之消滅

典權之一般消滅原因，如標的物之滅失（注一一五）、混同、或拋棄（注一一六），均屬之。茲須討論者，爲典權消滅之特別原因：

甲、回贖

㈠回贖之性質

回贖者，乃出典人向典權人提出原典價以消滅典權之單獨行爲。從典習慣言，回贖爲出典人向典權人買回原出典之典物使用收益權（注一一七）之行爲。回贖爲出典人之權利，典權人並無對出典人請求回贖之權（注一一八），而屬形成權之一種。祇須出典人一方之意思表示，不必經典權

注一一四　「淡新檔案」二二四一〇・一一六。

注一一五　參照〔伍〕，甲、，㈠，4及〔伍〕，乙、，㈡2之說明。

注一一六　參照〔伍〕，乙、，㈠，3之說明，「臺灣私法」，第六六六頁。

注一一七　關於習慣法上典權之性質，請參照本文〔貳〕、〔伍〕。

注一一八　山本留藏著，「典主は債權の關係に於て原典價銀弁濟の請求權を有するものに非ず」，「臺灣慣習記事」，四卷，九號。松濱逸夫著，「山本氏の典價請求權を讀む」，「臺灣慣習記事」，四卷，一〇號。

人之同意即生效力(注一一九)，故屬單方行爲。惟回贖時，出典人必須提出全部典價始可(注一二○)，故亦屬要物行爲。對此，典契上常載有：「銀交契還」、「備銀贖回、原契字送還」、「備足契面銀併借項母利清還、贖回原契字」或「備足契面銀取贖」等文字 (注一二一)。

㈡回贖權人

得行使回贖權之人爲出典人及其繼承人。如此等人失蹤、往赴別地久不還鄉，或死亡絕嗣等不能行使回贖權時，在固有習慣上，出典人之同宗親族中，依其親等之次序，得由其最近之親屬行使。蓋不欲外人享有同宗親屬之不動產也(注一二二)。但典契上亦得載明不准同宗親屬回贖(注一二三)。同宗親屬爲回贖時，如出典人回鄉而欲回贖者，可向該親屬提出原贖價贖回其典物(注一二四)。民法第九百二十三條第一項所定「出典人得以原價回贖典物」，其出典人應指原出典人本人及其繼承人或典物所有權之受讓人。

㈢回贖權行使之相對人

回贖權行使之相對人爲典權人。原典權人已將典權讓與第三人時，

注一一九　「淡新檔案」二三二○六‧○一，堂批：「典限已滿不准捐贖。據呈去年十月備銀取贖，彭樑材（按典權人）何得抗言王烏番欠伊銀元，抗不遵贖。」

注一二○　回贖權人不得僅提出一部分典價，就出典不動產之一部回贖，典權人將典物分割轉典時，也不得爲一部之回贖，即典權關於此點有不可分性(參照清水著，第一○二頁、第一三九頁)。出典人亦無分期支付典價回贖之權利，如分期支付，須全部典價交清後，始能消滅典權 (參照「臺灣私法參考書」，第三一三頁，例四)。

注一二一　例如「淡新檔案」二二四一○‧一一六、二二四○八‧○二，「臺灣私法參考書」所錄典契。

注一二二　陳棋炎論文。清水著，第一○二頁、第一三八頁。

注一二三　「臺灣私法參考書」，第一六七頁，典例四一：「……日後李珍吧燕（按係出典人）自己及其子孫有錢回贖之日，銀到契還，倘有親戚、兄弟、叔姪人等繳贖，一概不准。」

注一二四　參照陳棋炎論文。清水著，第一○二頁。王文著，第一○二頁。

為典權關係主體之變更（參照〔伍〕，甲、，(一)，2，(2)），出典人行使回贖權，自須向該受讓典權之第三人為之。繳典契上通常載明:「聽上手××備銀取贖(注一二五)」。至轉典之場合，轉典係由原典權人為轉出典人，將其典權對第三人設定典權（參照〔伍〕，甲、，(一)，2，(1)），轉典權人與原出典人間，並無直接法律關係存在，原出典人自不得「隔手贖業(注一二六)」。惟如原典權人怠於向轉典權人回贖時，應解為回贖權人亦可逕向轉典權人回贖之(注一二七)。當事人之轉典契對此如有特別約定，可由原出典人直接向轉典權人回贖時，亦可從其約定(注一二八)。民法對隔手贖業未設明文，依最高法院三十三年上字第六八〇號、三十三年上字第三六五六號判例意旨，實務上似認出典人得對典權人及轉典權人直接回贖。

(四)回贖權行使之期限、限制及其效果

典權之期限，為出典人不得行使回贖權之期限，已如前述(見〔肆〕)，典權未設期限者，出典人自得隨時回贖(注一二九)。回贖權之行使，並無時間之限制，所謂:「一典千年活」即此意也。至典權定有期限者，典權期限屆滿後，出典人即可回贖，且其回贖權之行使，仍無時間之限制

注一二五　參照「臺灣私法參考書」，第一七八頁以下，典契例四九、五七之一。

注一二六　「淡新檔案」二三二〇五‧〇三，府正堂批:「隔手贖業固屬不合，惟曾定國是否曾瑞邦之後，曾雲紋究竟因何阻贖，詞內未據聲敍，亦屬含混，候傳案質訊察斷。」「大清律例會通新纂(二)」，第九八三頁:「示掌云: 如係活產，原主不能回贖，現業既經別售，而原業上手之原主，亦不得隔手找贖。」

注一二七　參照大理院五年上字第一二八〇號判例。

注一二八　「臺灣私法參考書」，第一八五頁，典例五五:「……倘係上手要取贖，銀主不得以年限未滿刁難。」典例五六之一:「……倘上手張家要取贖之日，照原典契面銀及代修理二次回祿起蓋費用之項，照賬清理，一盡向黃麗記取贖，與疇（轉出典人）無干……。」

注一二九　據清水著謂: 典權未定期限者，締約後一年，即得行使回贖權（第一〇二頁、第一三七頁）。

（注一三〇）。惟在出典人回贖以前，典權人仍得繼續使用收益其典物（注一三一）。對此，典契上常有：「如至期無銀取贖，仍聽銀主掌管。」「如至期無銀取贖，其店仍聽銀主掌管收稅，典主不得異言生端。」「如無銀公同取贖，仍聽銀主照舊掌管。」「如無銀取贖，依舊聽銀主耕作（注一三二）。」之語。清乾隆十八年雖浙江藩司奏准於典買田宅條設條例規定：「嗣後民間置產業，如係典契，務於契內注明回贖字樣……其自乾隆十八年定例以前，典賣契載不明之產，如在三十年以內，契無絕賣字樣，聽其分別找贖，若遠在三十年以外，契內雖無絕賣字樣，但未注明回贖者，即以絕產論，概不許告找……。」似在限制回贖權行使期間爲三十年。但輯注曰：「此條係乾隆十八年浙江藩司回奏准，是以指出十八年重在契載不明四字，謂契內既無絕賣字樣，又無告找字樣，含混不明，故以三十年爲斷。若契載絕賣，即不論年月久近矣。若契有找贖字樣，即三十年以外，尙非絕業也……。」準此，益見固有習慣上，回贖權之行使，並無時間之限制。至戶部則例雖有：「民人典當田房，契載年分，統以十年爲率。限滿聽贖，如原業力不能贖，聽典主投稅過割執業」（置產投稅條）。但僅止於投稅過割而已，出典人仍不喪失回贖權（注一三三）。惟旗人間旗地之出典，依戶部則例（置產投稅條）規定：「旗人典賣房地……凡典當田房，

注一三〇　據「臺灣慣習記事」四卷，六號，第五一八頁，臺南慣習研究會問答筆記，謂「回贖僅在約定期間內不得爲之。此外出典人於何時均得回贖」。

注一三一　「臺灣私法」，第六六一頁，謂此爲典權人之留置權，用語似有欠當。蓋由法律上之性質言，如前所述（〔貳〕，丁），典爲附買回條件之用益權買賣，在未行使買回權前，典權人使用收益典物乃原典權之效力，自無所謂行使留置權之可言。

注一三二　參照「臺灣私法參考書」，第一三七頁以下，典契例。

注一三三　據「臺灣私法參考書」，第一二八頁至第一二九頁，錄載新竹北門石牌所刻，清同治年間諭示：「……所典年限，自三、五年至十年爲準，不得過多，亦應議明登載契內，限滿催令取贖，或即告找一次……倘或不找不贖，亦即將典契投稅，並將稅費若干，於契內載明，將來回贖，由原主聽還。」

契載年分，統以十年爲率，十年限滿，原業力不能贖，再予餘限一年。令典主呈明該翼，由翼將契紙交旗，鈐用佐領圖記，送翼補稅，發給本人收執……自報稅後，原主不准告找告贖。」又民人契典旗地，依戶部則例（旗民交產條）規定：「民人契典旗地，回贖期限，以二十年爲斷，如立契已逾例限，即許呈契升科（無論有無回贖字樣），不准回贖，在限內者，仍准回贖。」對於旗人間之典當田房及民人契典旗地，設有回贖期限之規定。第以典權人對於典物有使用收益之權能，出典人於回贖期間內如得隨時回贖，有時將對典權人造成損害，故在典習慣上，回贖時期如爲田地，多在「春前秋後」，即在秋分以後、清明節以前，亦即秋收後春耕前。俗云「三不贖夏，七不贖秋」，或「立秋不贖秋，立夏不贖夏」，亦即此意（注一三四）。在臺灣有所謂「正田二園」之諺，即田在正月，園在二月以前始得回贖（注一三五）。至於房屋之回贖，通常要一個月前，至少亦須十日以前通知典權人，俾其有所準備。有些地方則爲「臨冬到話，驚蟄交價」，即在冬臨之時，先告知典權人回贖之旨，到驚蟄之時，交價回贖（注一三六）。民法爲顧及典權期限過長，有害於經濟上之發展。故以法律明文限制（注一三七）典權期限不得逾三十年，逾三十年者，縮短爲三十年（民法第九百十二條）。同時又鑑於過去有長年不贖，權利狀態不能明確，糾紛迭起，於經濟上之發展有妨害之弊，故又明文定爲（注一三八）：典權定有期限者，於期限屆滿後，經過二年不回贖，未定期限者，經過三十年不回贖時，回贖權即因除斥期間（注一三九）之經過而消滅。

注一三四　參照清水著，一三七頁。

注一三五　「臺灣慣習記事」，四卷，六號，第五一九頁。

注一三六　參照清水著，第一三七頁。

注一三七　參照民法物權編立法原則第十一。

注一三八　參照民法物權編立法原則第十三。

注一三九　二年回贖期間，有認係消滅時效者（例如倪江表著，第二二二頁）。惟回贖既係形成權，其權利行使期間應認爲除斥期間爲當（參照最高法院二十九年上字第二〇三四號判例，司法院院字第二〇六四、二六二七、二七三四號解釋均採除斥期間説）。

同時由典權人取得典物所有權(民法第九百二十三條、第九百二十四條)。
至回贖時期之限制，亦如固有習慣，規定爲「出典人之回贖，如典物爲
耕作地者，應於受益季節後，次期作業開始前爲之。如其他不動產，應
於六個月前，先行通知典權人」(民法第九百二十五條)，蓋亦在保護典
權人之利益也。回贖係出典人之權利，則回贖權自得因拋棄而消滅。惟
如出典人於出典時，即預先約明不得回贖，例如典契上記載「自此一典
千休，日後黃家子孫不敢生端滋事(注一四〇)」，則與買賣無異，探求當
事人之眞意，自非典關係。如典契約定出典人屆期不贖，即作絕論，則
出典人因回贖權不行使或怠於行使而發生喪失所有權效果，對於出典人
之保護尙欠周全，故民法第九百十三條規定：「典權之約定期限不滿十五
年者，不得附有到期不贖即作絕賣之條款」，用資兼顧。

乙、找貼

　　找貼又稱「找貼作絕」或「告找」。清戶部則例 (置產投稅條) 規定：
「賣主無力回贖，許憑中公估找貼一次，別立絕賣契紙，若買主不願找
貼，聽其別賣歸還原價。」同旗民交產條亦規定：「倘賣主無力回贖，許
立絕賣公契據，公估找貼一次，若買主不願找貼，應聽別售歸還典價。」
似以回贖期到，出典人無力回贖時，始許出典人請求告找。但出典人此
項請求權，典權人並無同意之義務。找貼之成立，須出典人與典權人雙
方就找價(即典物之時價與典價之差價)，雙方意思表示一致時始可。自
屬一種特殊 (田骨) 之買賣契約。民法鑑於找貼之習慣於出典人及典權
人雙方均甚便利，故規定出典人表示讓與其所有權者，典權人得按時價
找貼，取得所有權。同時爲防止歷來習慣上多次找貼致生糾紛之弊，復
規定找貼以一次爲限(注一四一)。又出典人於典物出典後，並不喪失典物
所有權，仍可隨時讓與典物之所有權，找貼係讓與方法之一種，自無限

注一四〇　「臺灣私法參考書」，第一九一頁，典例五九。
注一四一　參照民法物權編立法原則第十四。

於出典人無力回贖時之必要。故民法對於找貼，只須在典權存續中，即可隨時爲之。

〔柒〕 結論

我國在前清變法以前，向係以農立國，人民與土地有不可分離之關係。土地爲國人最重要之投資對象，亦爲一般人民累積資金及創造財富之重要方法。典權對土地使用收益權之取得，可謂係重農時代之重要產物(注一四二)。時至今日，交易日趨頻繁，因工商業發達之結果，證券及流動資金成爲市場上不可或缺之要素，與重農時代以購買不動產爲重要方法者不同。故學者有謂「不動產典權，在吾國近況雖尚普遍適用於農村，而於都市中，已無重要意義者」(注一四三)。實則亦不盡然。蓋由於人口壓力之日益嚴重，而土地復無法增加情況下，不動產之投資，又變爲累積資金及創造財富之重要方法之一。耕者有其田，居者有其屋固爲理想之境界，但在尚未完全實現之階段，需用土地或房屋（不動產）之人，支付典價，用以獲取對典物之使用收益，仍屬非常重要。現時都市中所流行之「押租房屋」即係一例。惟一般人爲逃避契稅之繳納（契稅條例第三條第二款），不設定典權，而單純租約又怕租期屆滿押金之返還無所保障，因而反以訂立租賃與抵押權設定之形式，向不動產所有權人獲取使用收益之權，誠屬可惜。如能就有關法律相配合，典權制度不失爲一良好制度，仍有其存在之價值與新時代之使命。比較古今典權制度，民法典權之規定已將固有習慣上不健全及有背今日法制部分，爲補充及修訂。例如典權之標的限於不動產，典權之期限及回贖期限以明文規定加以限制，並使回贖權消滅之典權人取得典物所有權，均係進步之立法。但關於第九百二十四條之規定，是否應參酌同法第九百十二條、第九百

注一四二　參照曹傑著，第二六一頁。王文著，第一三六頁。
注一四三　參照曹傑著，第二六一頁。

二十三條之旨趣，予出典人於三十年期間屆滿後，再予二年回贖期間，不無研究餘地。又典權設定後，固可再設定抵押權，而抵押權之拍賣雖不影響典權之存在，但所有物既有典權之負擔，實際上即難以高價出售，爲兼顧抵押權人之利益，似可規定典權人如同意消滅典權出售時，典權人得由售價中優先取回典價，則於典權與抵押權人皆屬有利。又於設定抵押權後之不動產，如再設典權，因拍賣抵押物之結果，有時典權將被除去(參照民法第八百六十六條)，自會影響人們對於該不動產設定典權之興趣。爲提高該不動產之效用，似可規定典權人對於售價扣除抵押債權之餘額有優先取回典權之權(注一四四)。又如找貼之場合，在雙方當事人對於找價不能達成協議時，似可規定由法院予以調處裁決（注一四五）。典權之規定如能作適度之修正，並在稅法上獲得與其他物權公平之待遇，典權制度，將更有其新的意義與使命。

注一四四　陳榮宗論文意見相同，理由不同。
注一四五　參照公司法第一百八十六條，非訟事件法第八十九條之立法規定。

※本文原刊載於「戴炎輝先生七秩華誕祝賀論文集」

抵押權效力所及標的物之範圍

要　目

〔壹〕抵押之不動產

甲、土地

乙、土地之定著物

〔貳〕抵押物之從物

〔參〕抵押物之從權利

〔肆〕抵押物之天然孳息

〔伍〕就抵押物得收取之法定孳息

〔陸〕因抵押物滅失得受之賠償金

抵押權效力所及標的物之範圍

　　抵押權之效力，除及於設定抵押權之不動產外，民法規定更及於抵押物之從權利與從物（第八百六十二條第一項）及抵押物扣押後由抵押物分離之天然孳息（第八百六十三條）與抵押人就抵押物得收取之法定孳息(第八百六十四條前段)。可知抵押權效力所及標的物之範圍，包括下述各點：

〔壹〕抵押之不動產

　　得為設定抵押權之標的物，依民法第八百六十條之規定，應限於不動產。所謂不動產係指土地及其定著物而言(民法第六十六條)。惟實務上尚有以不動產之應有部分所設定之抵押權（釋字第一四一號）及依動產擔保交易法就動產所設定之抵押權。本文所討論者，限於以不動產設定之抵押權。

甲、土地

　　臺灣地區之土地，均已辦理土地登記，故抵押權效力所及者，自應以經抵押權設定登記之土地為準，固不待言。縱設定抵押權後，土地因分割變為數筆，抵押權之效力，仍及於分割後之各筆土地（第八百六十八條）。就一筆土地之特定部分，可否單獨設定抵押權？雖不無疑問，惟土地除法律有禁止分割（例如農地）之情形外，既非不得分割，只需於抵押權設定登記時，將特定部分標示明確，似非不得設定抵押權，故學

者有採肯定說者（注一）。誠然此與土地所有權範圍之概念有關，蓋土地所有權之範圍，通常係以其登記號數之範圍爲範圍，但土地除法律有禁止分割之情形外，旣得隨時分割，分割後之每一號土地又可成一獨立之不動產所有權，將來不難將該設定抵押權之特定部分，於實行抵押權時予以分割。但如此設定之結果，徒使法律關係複雜，不如於設定時即同時爲分割，使特定部分變爲一獨立所有權並於其上設定抵押權較爲單純。

乙、土地之定著物

土地之定著物係指非土地之構成部分，而繼續的密接附著於土地，獨立供人使用之物（注二）。關於地上物，在羅馬法向有「地上物屬於土地」（superficies solo cedit）原則，而不認其得爲不動產所有權之標的者（注三）。德（民法第九十三條至第九十六條）、法（民法第五百十七條）、瑞（民法第六百四十二條、第六百五十三條、第七百十三條）等立法例仿之。我國民法則仿日本（第八十六條第一項）法例，規定土地之定著物爲獨立之不動產。故土地設定抵押權而未就土地定著物一併設定抵押權，或於土地設定抵押權後，再建造之定著物，並不爲該抵押權效力之所及。土地之定著物於設定抵押權後，有所附加，例如設定抵押權之房屋，於法定空地上擴建房間或廚廁時，該擴建部分，是否爲抵押權效力所及，不無疑問。辦理強制執行事件應行注意事項（司法院七十一年十月十八日修正公布）第四十一項㈢曰：「土地或建築物設定抵押權後，抵押人於土地上營造建築物或於原建築物再行擴建或增建者，除應認爲抵押物之從物或因添附而爲抵押物之一部者外，執行法院於必要時得就原設定抵押權部分及其營造、擴建或增建部分分別估定價格，並核定其拍

注一　柚木馨編，「注釋民法⑼」，第二〇頁，昭和五十三年十一月，改訂版，有斐閣，下簡稱柚木編。

注二　參照洪遜欣著，「中國民法總則」，民國七十一年，修訂版，第二一四頁。

注三　參照注二、原田慶吉著，「ローマ法」，昭和二十九年，有斐閣，第一〇八頁。

賣最低價額後，一併拍賣之。但抵押權人就營造、擴建或增建部分，無優先受償之權。」足見擴建或增建部分應否屬抵押權效力所及，應就其是否爲原抵押物之從物或一部分以爲判斷。惟通常抵押權標的物之範圍（即建築物之構成與面積）於抵押權設定時，均予載明，則未登記之增建或擴建部分，是否僅因從物或房屋之一部分即可謂屬抵押權標的物範圍，似非無研究餘地。又抵押權設定前，建築物之擴建或增建部分，因未能辦理建物登記，致抵押權設定登記時，仍按已登記之建築物部分爲設定登記時，則該擴建或增建部分既未曾爲抵押權設定登記，是否可解爲不在抵押權標的物之範圍亦非無疑問（注四）。日本民法第三百七十條但書就抵押物上附加而與抵押物成爲一體之部分規定，除當事人於設定行爲有特別約定，或依（民法）第四百二十四條（債權人撤銷權，相當我國民法第二百四十四條）債權人得撤銷債務人之行爲時，該附加部分，不屬抵押權標的物之範圍外，抵押權抵押之標的物之範圍及於該附加之部分。吾人以爲此問題解決之道，亦宜由修法著手，使其明確。按抵押物於登記簿所載範圍與抵押物實際範圍不符，不論其原因發生於抵押權設定之前或設定之後，如不符登記部分，依一般社會通念，認爲與該不動產構成一體而屬一物時，既僅有一不動產所有權，自不宜因登記範圍之不符，而使抵押權範圍僅及於登記部分，造成抵押權係就不動產之一部設定抵押權複雜之關係（注五）。至於當事人就登記不符部分，約定不在

注四　學者有謂房屋之增建者，不問在設定抵押權以前，抑在後，除當事人另有約定外，皆列入抵押權標的物之範圍者（參照鄭玉波著，「民法物權」，民國五十年六月，三民書局，第二二八頁）。但亦有謂：「惟抵押權之設定，非經登記不生效力（〔民法〕七五八）。如設定抵押權當時，設定書上或登記簿上已載明限於土地或建物之若干面積者，參照第八百七十七條規定意旨，似難認其後營造之建築物，如農舍、車庫等，亦在抵押權效力所及範圍之內（參照姚瑞光著，「民法物權論」，民國七十一年四月版，第二一六頁。最高法院五十三年八月十八日民刑庭總會決議，謂設定抵押權登記後增建未登記之二樓房屋及附屬平房二間，不在抵押權範圍之內。）

注五　參照柚木編，第三七頁。

抵押權範圍內，應不應允許？則須考量抵押權之設定，可否就不動產之特定部分爲之。如採肯定見解，則不妨肯定其特約，惟尙須規定抵押權人實行抵押權時，仍可就全部不動產拍賣，僅就登記不符部分之價金無優先受償之效力，否則在實行抵押權將發生困難。但如此規定之結果，將來在計算抵押權標的物之價值時，亦會產生若干困難。倘採反對見解，則應不允許當事人得爲此特約，如此法律關係較爲單純，但對於第三人（即債務人之其他債權人）權益可能有影響。然抵押權既經登記而有公示之效力，第三人調查債務人之信用時，通常係注意債務人之某不動產有無設定擔保，其數額若干，究少有進一步調查其設定面積若干，是否與實際情形相符者。其所可能產生之損害較少，故吾人仍認以採否定說爲宜。又土地之定著物於設定抵押權後，如有滅失，抵押權即因而消滅（民法第八百八十一條），但因滅失得受之賠償金，應按各抵押權人之次序分配之(同條但書)，可見抵押權標的物之範圍，擴及於抵押物消滅後之賠償金。有問題者爲抵押物，例如房屋之自然倒塌而遺留木材，是否仍屬抵押權效力所及之範圍，日本實務上及學者採否定說（注六）。倒塌後遺留之木材固脫離不動產之屬性而變爲動產，由債務人取得其所有權，但在未移轉所有權與第三人以前，如認抵押權之效力不及此動產，依民法第八百七十二條之規定，債務人既無回復原狀或提供擔保之義務，則反造成債務人獲利，雖難謂其爲不當得利，究非事理之平。似宜類推適用民法第八百八十一條物上代位之規定，就木材賣得之價金有優先受償之權。

注六　日本大審院大正五年六月二十八日判例（民錄22—1281）。我妻榮著，「民法講義（Ⅲ）」，昭和三十三年三月，岩波，第一五三～第一五四頁。柚木編，第四二頁。篠塚昭次編，「判例コンメンタール民法（Ⅱ）」，一九八三年，有斐閣，下簡稱篠塚編，第七六頁。

〔貳〕抵押物之從物

抵押權之效力及於抵押物之從物(民法第八百六十二條)。所謂從物依民法第六十八條第一項前段規定係指「非主物之成分，常助主物之效用，而同屬一人者」。按從物係一獨立之物權，因其常有助於主物之效用，且在交易上，亦無特別之習慣，爲保交易之安定，故規定，主物之處分及於從物，以杜紛爭。至抵押權效力之範圍，是否因此亦必擴及於抵押物之從物，實值吾人深研。蓋抵押權設定之目的，僅在使債權人就抵押物拍賣所得價金優先受償而已。抵押權設定前已存在之從物，例如附著於房屋之冷氣設備，或可認爲於設定抵押權時，已有一併抵押之合意，而爲抵押權效力所及，但如係抵押權設定後，再裝設者，是否應併爲抵押權效力所及，即不無疑問。蓋冷氣設備(機)，有其獨立之價值，因其有助於主物之效用，而應與主物(抵押物)一併拍賣，但此部分之價金，應屬歸抵押權人享有優先受償之權？或爲保護一般債權人之利益，而認此部分無優先權？在立法政策上，實爲值得深思之問題。又工廠中之機器生材，依司法院院字第一四〇四號，同院院字第一五一四號解釋，認係工廠之從物，故以工廠設定抵押權之效力，除有特別約定外，應及於機器生材。此在民國四十四年一月六日公布施行之工礦抵押法，可將工廠及機器合成工礦財團(參照該法第三條)而爲抵押權設定之情形，尚無疑義，但工礦抵押法已於五十二年九月五日公布，五十四年六月十日施行後廢止。在不動產之登記中，既未有「工廠」一種之單獨登記(僅在建物用途上，有相關之記載)，則就此種建物所爲抵押權設定能否謂爲「以工廠設定抵押權」，使其抵押權之效力擴及機器生材，亦值推敲，況工廠之機器，依動產擔保交易法，既得單獨爲抵押權之設定(見該法第十五條)，在交易習慣上能否將工廠中之機器生材當然視爲工廠之從物，不無疑問。故吾人認爲司法院之上述解釋，似已不符現代之交易習慣，

而不能適用(注七)。再在農地上建築之農舍或於住宅之空地所建之車庫，雖同屬一人所有，且均常有助於主物（農地、房屋）之利用，依民法第六十八條第一項規定應解爲農地或房屋之從物，可一併予以處分，但農舍或車庫均爲獨立之不動產，當事人就此農舍或車庫未同時爲抵押權設定登記時，將對土地或房屋所設定抵押權之效力，擴及農舍或車庫，恐亦與民法第七百五十八條之規定有違。至於於房屋庭院所鋪設花木、庭石，在社會通念上，似爲住宅之從物，應爲抵押權效力所及（注八）。再第三人於抵押權設定前，就從物取得之權利，自應不受前述規定之影響（民法第八百六十二條第二項），用以保障第三人之利益。

〔參〕抵押物之從權利

從權利乃對主權利而言，係指從屬於主權利而存在之權利（注九）。就以土地而設定抵押之情形而言，例如抵押之土地爲需役地時，其所屬之地役權爲典型之從權利，應爲抵押權之效力所及，此由民法第八百五十三條規定觀之，至爲明瞭。又如爲方便抵押之土地之利用，土地所有人與鄰地所有人所定通行契約，其通行權是否爲抵押權效力所及，不無疑問。蓋通行權係基於當事人間之契約而生之請求權，如通行契約未有得讓與之特約時，似難認係從權利，而爲抵押權之效力所及。再就建物

注七　姚瑞光著，前揭書，亦謂「但在實行登記區域內，不可能以『工廠』設定抵押權。蓋土地登記簿上無『工廠』之登記也。如果設定抵押之登記，僅載明供抵押之標的物爲工廠用房屋若干間，若干面積，自難謂機器當然係工廠用房屋之從物。故此項解釋，今後似無適用之可能。」（第二一六頁）

注八　日本實務上認其爲宅地之構成部分，而爲抵押權效力所及（參照柚木著第四〇頁）。於債務人將房屋與基地爲共同抵押之情形，泛謂之爲宅地之構成部分，或無不可，但在單就房屋或基地爲抵押之情形，衡諸社會通念，庭院之花木、庭石係在增進房屋之效用，又非房屋之構成部分，似以解爲房屋之從物爲宜。如謂其爲基地之成分，爲基地抵押權效力所及，恐與社會通念不符。

注九　參照洪遜欣著，前揭書，第五八頁。

設定抵押權言，建物基地與建物同屬一人所有，並爲共同抵押之場合，固無問題，如僅就建物設定抵押時，因抵押權登記未及於基地，該抵押權之效力自不及於基地，僅將來拍賣抵押物時，視爲已有地上權之設定而已。如建物基地與建物非同屬一人所有，而就建物設定抵押權時，此時建物所有人就基地或有借貸關係、租賃關係，或有地上權(注一〇)，其基於借貸關係所生使用權，除契約別有約定外，並不當然可以讓與第三人，能否謂爲從權利，而認爲建物抵押權所及，亦不無疑問。至於有租賃關係之情形，一般以基於建物不能離開基地而單獨存在之經濟上原因及土地所有人又獲有對價，認除租賃契約另有訂定外，亦爲抵押權效力所及(注一一)。再於有地上權之情形，因地上權依民法第八百八十二條規定，地上權亦得單獨爲抵押權之標的物，故於設有地上權土地之建物，就建物設定抵押權時，如一併就地上權設定共同抵押，固無問題，如未一併就地上權爲共同抵押之設定時，似不能認地上權爲抵押建物之從權利，而認地上權爲建物抵押權之效力所及。

〔肆〕抵押物之天然孳息

抵押權之效力及於抵押物扣押後，由抵押物分離之天然孳息（民法第八百六十三條）。所謂天然孳息係指果實、動物之產物及其他依物之用法所收穫之出產物。抵押權之標的物爲不動產，故不動產之天然孳息，通常係指土地出產物及其他依不動產之用法所收穫之出產物，例如石材、

注一〇　占有在我國民法僅爲事實而非權利，故於無權占有時，自無占有權之存在，且在無權占有情形，建物當無法爲建物之登記，實際上亦無法就建物設定抵押權。

注一一　參照姚瑞光著，前揭書，第二一六頁～第二一七頁。鄭玉波著，前揭書，第二二九頁。柚木編，第四〇頁。篠塚編，第七五頁。最高法院四十八年臺上字第二七七號判例認租地建屋契約如無相反特約，自可推定出租人於立約時，已同意租賃權得隨房屋而移轉。

礦物等是。爲使抵押物之所有人能處分其孳息及保護與所有人就孳息爲交易之第三人利益，抵押權之效力，限於抵押物扣押後由抵押物分離之天然孳息(注一二)。按土地之出產物，不論其因天然抑依物之用法所收穫者，在未與不動產分離前，屬不動產之部分（民法第六十六條第二項），謂其爲抵押權效力所及，似無疑問，惟依民法第七十條第一項規定：「有收取天然孳息權利之人，其權利存續期間內，取得與原物分離之孳息。」此於抵押人與抵押物天然孳息之收取權人同屬一人之情形，問題較爲簡單；若非屬同一人時，例如農地所有人於農地設定抵押權前已將土地出租與第三人，於租賃關係存續中，抵押權人扣押農地時，農地上承租人種植之農作物，於扣押後收割時，是否有民法第八百六十三條之適用？又租賃關係如係發生於抵押權設定之後者，結果有無不同？均滋生疑問，司法院院字第一四四六號解釋謂「抵押權之效力，並及於抵押物扣押後由抵押物分離之天然孳息，或就該抵押物得收取之法定孳息，故不動產所有人於設定抵押權後，復就同一不動產與第三人設定權利者，其所設定之權利，對於抵押權人自不生效力，如於抵押權設定後與第三人訂立租賃契約，不問其契約之成立在抵押物扣押之前後，對於抵押權人亦當然不能生效。抵押權人因屆期未受清償或經確定判決，聲請拍賣抵押物時，執行法院自可依法逕予執行，抵押權設定後取得權利之人，除得向設定權利之人求償損害外，不得提起異議之訴」。對於此項解釋，吾人仍不免有些許疑問。依民法第八百六十六條規定，不動產所有人，設定抵押權後，於同一不動產上設定地上權及其他權利，其抵押權固不因此而受影響。故於抵押權設定後，抵押人就同一不動產所爲出租行爲，如有礙於抵押權時，執行法院雖得除去租賃關係而爲拍賣(注一三)，但如執行

注一二　參照民法第八百六十三條立法理由。

注一三　此時租賃關係因被除去，原承租人已失去承租人之地位，就土地之出產物已無收取權，自無從再依民法第七十條第一項規定，取得分離之孳息，於此情形，該解釋尚無疑問。

法院並未除去租賃關係，承租人依民法第七十條第一項規定，取得分離之孳息既係基於法律規定之原始取得(**注一四**)，能否因抵押權人實行抵押權扣押土地，而影響其孳息所有權之取得，不無研究餘地。又土地之出產物，在德日法例，非於通常成熟期前一個月不得爲之(**注一五**)。我國強制執行法雖未規定，司法院院字第一九八八號解釋，亦謂應於成熟之時期查封，並於成熟後收穫之，而爲拍賣或變賣。辦理民事強制執行應行注意事項第二十四項亦規定：「未與土地分離之農作物，限於將成熟時始得實施查封，並於收穫後再行拍賣。」則因實行抵押權查封土地，其效力是否當然及於地上作物？依同注意事項第五十六項㈠之規定，似認並未必然。至設定抵押權前已有租賃關係存在者，其不能因抵押權人實行抵押權扣押抵押物(土地)，而影響承租人之孳息收取權，尤不待言。再關於依不動產之用法所收穫之出產物，例如石材、礦物等，倘其已成爲礦業權之標的物(礦業法第一條、第二條)，因礦業權係基於礦業法之規定而取得之權利，且礦業權單獨得爲抵押權之標的 (礦業法第五條、第十四條)，於此情形，亦應解爲無民法第八百六十三條規定之適用。

〔伍〕就抵押物得收取之法定孳息

民法第八百六十四條規定：「抵押權之效力，及於抵押物扣押後抵押人就抵押物得收取之法定孳息。但抵押權人非以扣押抵押物之事情，通知應清償法定孳息之義務人，不得與之對抗。」按不動產所有人就不動產設定抵押權後，並未喪失對該不動產之使用收益權，於抵押權人實行抵

注一四　參照最高法院七十四年度第三次民事庭會議記錄。該決議並認收取權人爲強制執行法第十五條所稱就執行標的物有足以排除強制執行之權利之第三人。

注一五　參照德國民事訴訟法第八百一十條，日本民事訴訟法第五百六十八條、民事執行法第一百二十二條第一項。

押權而查封抵押物時，其後得收取之法定孳息，亦爲抵押權效力所及，爲保護清償法定孳息義務人之權益，故又規定，債權人非經將扣押事由通知義務人，不得以之對抗義務人。惟扣押係強制執行之方法，既已進入強制執行程序，是否以由執行法院依強制執行法第一百十五條之規定向法定孳息之清償義務人發扣押命令爲宜，値得研究。又抵押權人取得拍賣抵押物之執行名義，能否因有民法第八百六十四條但書規定，而擴及於受通知之清償義務人亦有疑問。再依實務上之見解，抵押人於設定抵押權後，就同一抵押物設定其他權利者，對抵押權人不生效力已如前述，則抵押權人一面主張抵押人之出租行爲對伊不生效力，一面又主張抵押物扣押後，抵押權之效力及於該租金，有無違反禁反言（estoppel）原則？亦堪研究。又抵押人之其他債權人於抵押權人實行抵押權以前，已請求法院扣押並移轉該法定孳息請求權者，抵押人就該部分孳息，已無收取權，似應不在抵押權效力之範圍。如僅向執行債權人發收取命令而未發移轉命令者，該孳息之所有權尚未移轉，仍屬抵押人所有，似仍爲抵押權效力所及，但此對於執行債權人是否公平，在立法政策上，亦值考慮。

〔陸〕因抵押物滅失得受之賠償金

抵押權因抵押物滅失而消滅，但因滅失而得受之賠償金，應依各抵押權人之次序分配之（民法第八百八十一條）。抵押物因滅失而得受有賠償金時，此項賠償金爲抵押物之變態，或可謂爲抵押物之代償物，抵押權之效力，自應及此變態（代償物）。此所謂滅失，依通說係指抵押物絕對滅失之情形（注一六），於抵押物被徵收之情形，因徵收之結果，由徵收機關原始取得所有權而使原抵押物所有權絕對消滅，亦屬此之滅失。又

注一六　參照鄭玉波著，前揭書，第二三三頁。

此之賠償金是否包括債務人或抵押物所有人（第三人提供抵押物）就抵押物所投保之保險金？德國民法第一千一百二十七條、第一千一百二十八條明文規定，包括在內，我國學者亦有採相同之見解者(注一七)。惟在日本則有學者主張保險金請求權，乃基於保險契約支付保險費而生之保險契約之效果，非因標的物滅失毀損所生者，自非此所稱之賠償金者(注一八)。吾人以為保險金請求權，乃基於保險契約支付保險費而生保險契約之效果，除於訂立保險契約時，以抵押權人為受益人之情形外，債務人或抵押物所有人之就抵押物投保，必有其特定之目的。惟保險公司賠償後，依保險法第五十三條有代位行使被保險人對於第三人之請求權，此項可代位行使之請求權屬於抵押物因滅失而得受之賠償金請求權。可知，如謂保險金屬民法第八百八十一條但書所定之賠償金，與保險之性質與目的，未必相符(注一九)。如欲將之列入賠償金範圍，自應如德國法例，以明文加以規定。惟如謂保險金全不屬賠償金，因保險法第五十三條當然代位之結果，有處分抵押權人權利之嫌。現行法既未採德國法例，規定保險金亦屬賠償金，為調和上述衝突，吾人以為宜解為保險金中保險人得代位行使被保險人對於第三人之請求權所得受賠償範圍，抵押權人對之主張其優先受償權。

注一七　參照姚瑞光著，前揭書，第二一九頁。鄭玉波著，前揭書，第二三三頁。
　　　　史尚寬著，前揭書，第二八二頁以下。
注一八　參照柚木編，第六○頁。
注一九　因要保人須支付保險費，保險金係依保險之雙務契約所履行之給付。

※本文原刊載於「法令月刊」第四十卷第六期

三民大專用書書目——國父遺教

三民主義	孫　　文	著	
三民主義要論	周 世 輔	編著	政 治 大 學
大專聯考三民主義複習指要	涂 子 麟	著	中 山 大 學
建國方略建國大綱	孫　　文	著	
民權初步	孫　　文	著	
國父思想	涂 子 麟	著	中 山 大 學
國父思想	周 世 輔	著	政 治 大 學
國父思想新論	周 世 輔	著	政 治 大 學
國父思想要義	周 世 輔	著	政 治 大 學
國父思想綱要	周 世 輔	著	政 治 大 學
中山思想新詮 　　——總論與民族主義	周世輔、周陽山	著	政 治 大 學
中山思想新詮 　　——民權主義與中華民國憲法	周世輔、周陽山	著	政 治 大 學
國父思想概要	張 鐵 君	著	
國父遺教概要	張 鐵 君	著	
國父遺教表解	尹 讓 轍	著	
三民主義要義	涂 子 麟	著	中 山 大 學

大雅叢刊書目

新聞客觀性原理　　　　　　　　　　　　　　彭　家　發　著
發展的陣痛——兩岸社會問題的比較　　　　　蔡　文　輝　著
尋找資訊社會　　　　　　　　　　　　　　　汪　　琪　著
文學與藝術八論　　　　　　　　　　　　　　劉　紀　蕙　著

法學叢書書目

程序法之研究（一）　　　　　　　　　　　　陳　計　男　著
程序法之研究（二）　　　　　　　　　　　　陳　計　男　著
財產法專題研究　　　　　　　　　　　　　　陳　哲　勝　著

圖書資訊學叢書書目

美國國會圖書館主題編目　　　　　　陳麥麟屏、林國強　著
圖書資訊組織原理　　　　　　　　　　　　　何　光　國　著
圖書資訊學導論　　　　　　　　　　　　　　周　寧　森　著
文獻計量學導論　　　　　　　　　　　　　　何　光　國　著
圖書館館際合作與資訊網之建設　　　　　　　林　孟　眞　著
圖書館與當代資訊科技　　　　　　　　　　　景　懿　頻　著
圖書館之管理與組織　　　　　　　　　　　　李　華　偉　著
圖書資訊之儲存與檢索　　　　　　　　　　　張　庭　國　著
資訊政策　　　　　　　　　　　　　　　　　張　鼎　鍾　著
圖書資訊學專業教育　　　　　　　　　　　　沈　寶　環　著
法律圖書館　　　　　　　　　　　　　　　　夏　道　泰　著

三民大專用書書目──法律

商事法論（緒論、商業登記法、公司法、票據法）（修訂版）	張國鍵　著	臺灣大學
商事法論（保險法）	張國鍵　著	臺灣大學
商事法要論	梁宇賢　著	中興大學
商事法概要	張國鍵著、梁宇賢修訂	臺灣大學
商事法概要（修訂版）	蔡蔭恩著、梁宇賢修訂	中興大學
公司法	鄭玉波　著	臺灣大學
公司法論（增訂版）	柯芳枝　著	臺灣大學
公司法論	梁宇賢　著	中興大學
票據法	鄭玉波　著	臺灣大學
海商法	鄭玉波　著	臺灣大學
海商法論	梁宇賢　著	中興大學
保險法論（增訂版）	鄭玉波　著	臺灣大學
保險法規（增訂版）	陳俊郎　著	成功大學
合作社法論	李錫勛　著	政治大學
民事訴訟法概要	莊柏林　著	律　師
民事訴訟法釋義	石志泉原著、楊建華修訂	文化大學
破產法	陳榮宗　著	臺灣大學
破產法	陳計男　著	司法院大法官
刑法總整理	曾榮振　著	律　師
刑法總論	蔡墩銘　著	臺灣大學
刑法各論	蔡墩銘　著	臺灣大學
刑法特論（上）（下）	林山田　著	臺灣大學
刑法概要	周冶平　著	臺灣大學
刑法概要	蔡墩銘　著	臺灣大學
刑法之理論與實際	陶龍生　著	律　師
刑事政策	張甘妹　著	臺灣大學
刑事訴訟法論	黃東熊　著	中興大學
刑事訴訟法論	胡開誠　著	監察委員
刑事訴訟法概要	蔡墩銘　著	臺灣大學
行政法	林紀東　著	臺灣大學
行政法	張家洋　著	政治大學
民事訴訟法論（上）（下）	陳計男　著	司法院大法官
行政法之一般法律原則	城仲模　編	司法院大法官
行政法概要	管　歐　著	東吳大學
行政法概要	左潞生　著	中興大學
行政法之基礎理論	城仲模　著	司法院大法官
少年事件處理法（修訂版）	劉作揖　著	臺南縣教育局

三民大專用書書目——行政・管理

書名	著者	服務機關
行政學	張潤書 著	政治大學
行政學	左潞生 著	中興大學
行政學新論	張金鑑 著	政治大學
行政學概要	左潞生 著	中興大學
行政管理學	傅肅良 著	中興大學
行政生態學	彭文賢 著	中興大學
人事行政學	張金鑑 著	政治大學
人事行政學	傅肅良 著	中興大學
各國人事制度	傅肅良 著	中興大學
人事行政的守與變	傅肅良 著	中興大學
各國人事制度概要	張金鑑 著	政治大學
現行考銓制度	陳鑑波 著	
考銓制度	傅肅良 著	中興大學
員工考選學	傅肅良 著	中興大學
員工訓練學	傅肅良 著	中興大學
員工激勵學	傅肅良 著	中興大學
交通行政	劉承漢 著	成功大學
陸空運輸法概要	劉承漢 著	成功大學
運輸學概要（增訂版）	程振粵 著	臺灣大學
兵役理論與實務	顧傳型 著	
行為管理論	林安弘 著	德明商專
組織行為管理	龔平邦 著	逢甲大學
行為科學概論	龔平邦 著	逢甲大學
行為科學概論	徐道鄰 著	
行為科學與管理	徐木蘭 著	臺灣大學
組織行為學	高尚仁、伍錫康 著	香港大學
組織行為學	藍采風 廖榮利 著	美國波里斯大學 臺灣大學
組織原理	彭文賢 著	中興大學
實用企業管理學（增訂版）	解宏賓 著	中興大學
企業管理	蔣靜一 著	逢甲大學
企業管理	陳定國 著	臺灣大學
國際企業論	李蘭甫 著	東吳大學
企業政策	陳光華 著	交通大學
企業概論	陳定國 著	臺灣大學

管理新論	謝 長 宏 著	交 通 大 學
管理概論	郭 崑 謨 著	中 興 大 學
管理個案分析（增訂新版）	郭 崑 謨 著	中 興 大 學
企業組織與管理	郭 崑 謨 著	中 興 大 學
企業組織與管理（工商管理）	盧 宗 漢 著	中 興 大 學
企業管理概要	張 振 宇 著	中 興 大 學
現代企業管理	龔 平 邦 著	逢 甲 大 學
現代管理學	龔 平 邦 著	逢 甲 大 學
管理學	龔 平 邦 著	逢 甲 大 學
文檔管理	張 翊 著	郵 政 研 究 所
事務管理手冊	行政院新聞局 編	
現代生產管理學	劉 一 忠 著	舊金山州立大學
生產管理	劉 漢 容 著	成 功 大 學
管理心理學	湯 淑 貞 著	成 功 大 學
品質管制（合）	柯 阿 銀 譯	中 興 大 學
品質管理	戴 久 永 著	交 通 大 學
可靠度導論	戴 久 永 著	交 通 大 學
人事管理（修訂版）	傅 肅 良 著	中 興 大 學
人力資源策略管理	何永福、楊國安 著	政 治 大 學
作業研究	林 照 雄 著	輔 仁 大 學
作業研究	楊 超 然 著	臺 灣 大 學
作業研究	劉 一 忠 著	舊金山州立大學
作業研究	廖 慶 榮 著	臺 灣 技 術 學 院
作業研究題解	廖 慶 榮 著	臺 灣 技 術 學 院
數量方法	葉 桂 珍 著	成 功 大 學
系統分析	陳 進 著	聖 瑪 利 大 學
秘書實務	黃 正 興 編著	實 踐 學 院

三民大專用書書目——社會